Peter Burschel

Die Herzog August Bibliothek
Eine Geschichte in Büchern

Mit zahlreichen Abbildungen

Insel Verlag

Insel-Bücherei Nr. 1496

Die Herzog August Bibliothek

Der Bibliothekar lud sie ein, Platz zu nehmen, und wies dann mit einer Handbewegung auf die Menge der Bücher, die an den vier Wänden vom Boden bis zur Decke aufgestellt waren.

»Hören Sie nichts?« fragte er. »Hören Sie den Lärm nicht, den sie machen? Mir sind die Trommelfelle davon geplatzt. Sie sprechen alle durcheinander, in allen Sprachen. Sie streiten über alles: über Gott, die Natur, den Menschen, über Raum und Zeit, über die Zahlen, über das Erkennbare und das Unerkennbare, über Gut und Böse; sie untersuchen alles, behaupten alles, bestreiten alles, leugnen alles. Sie argumentieren vernünftig und unvernünftig. Manche sind leichtfertig, manche gründlich, manche lustig, manche traurig, manche weitschweifig, manche kurz und bündig; einige reden, um nichts zu sagen, zählen Silben und sammeln Laute nach Gesetzen, deren Ursprung und Sinn sie selbst nicht verstehen: das sind die selbstzufriedensten. Einige sind von strenger und finsterer Art; sie spekulieren ausschließlich über Gegenstände, die – fern jeder Empfindsamkeit – sorgfältig in die Sicherheit natürlicher Zusammenhänge übertragen wurden; sie bewegen sich im Leeren und tummeln sich in den unsichtbaren Kategorien des Nichts; das sind erbitterte Streiter, die alles, was sie ausmacht, wie auch ihre Symbole mit blutiger Wut verteidigen. Ich will mich nicht bei jenen aufhalten, die über ihre Zeit oder über vergangene Zeiten viel Aufhebens machen, glaubt ihnen doch ohnehin niemand. Es sind alles in allem 800 000 Bücher in diesem Saal – und nicht zwei davon denken gleich über irgendeinen Gegenstand; selbst jene, die sich gegenseitig wiederholen, verstehen sich nicht. Sie wissen in aller Regel nicht, was sie sagen, noch, was die anderen gesagt haben.«

Anatole France, *Die Königliche Bibliothek*
(La Bibliothèque royale), Paris 1909

Berengarius

Turonensis: *Lo 4521.1*

oder

Ankündigung

eines wichtigen Werkes desselben,

wovon

in der Herzoglichen Bibliothek

zu

Wolfenbüttel

ein Manuscript befindlich,

welches

bisher völlig unerkannt geblieben;

von

Gotthold Ephraim Lessing,

Bibliothekar daselbst.

Braunschweig,
im Verlage der Buchhandlung des Waisenhauses.
1770.

1 Der Stolz des Neubibliothekars Gotthold Ephraim Lessing über seinen Fund kommt bereits im Titel der »Ankündigung« zum Ausdruck.

Prolog. Oder: Ein Bibliothekar im Glück

Gotthold Ephraim Lessing hatte sein Amt als Bibliothekar des herzoglichen Bücherhauses in Wolfenbüttel kaum angetreten, als er einen ebenso unverhofften wie spektakulären Fund machte. Lessing stieß unter den Handschriften des Klosters Weißenburg im Elsass, die 1689 für die Bibliothek erworben worden waren, auf ein bislang unbekanntes Manuskript des mittelalterlichen Gelehrten und Ketzers Berengar von Tours aus dem 11. Jahrhundert. Keine Frage: Das Manuskript hatte hier nichts zu suchen; es war nie in Weißenburg gewesen; möglicherweise war es über den einstigen Verkäufer in die Sammlung gelangt. Am 27. Juli 1770 schrieb Lessing überstolz an seinen Vater, dass er einen Text gefunden habe, den »noch kein Mensch« kenne; einen Text, der ganz gewiss theologisch einschlagen werde. Er wolle ihn alsbald herausgeben, zuvor aber eine »Ankündigung« drucken lassen. Die Herausgabe des Textes blieb Lessing schuldig, die Ankündigung erschien noch im selben Jahr in Braunschweig im Verlag der Buchhandlung des Waisenhauses und umfasste fast 200 Seiten.

Was ließ den Fund so bedeutsam erscheinen? Lessing war fest davon überzeugt, dass der Text eine Stimme hörbar machte, die über Jahrhunderte von den kirchlichen Autoritäten unterdrückt worden war – enthielt er doch jene Abendmahlslehre, die Berengar einst hatte widerrufen müssen.

Mehr noch, Lessing ging davon aus, dass die Abendmahlslehre, die mit seinem Fund ans Tageslicht gekommen war,
zwar die Transsubstantiation bestreite, nicht aber die reale
Gegenwart Christi in den eucharistischen Elementen, was
Berengar in seinen Augen zu einem Vorkämpfer der lutherischen Reformation werden ließ, ja, im Grunde zu einem
Aufklärer avant la lettre. Was ist davon zu halten? Um es
deutlich zu sagen: Lessing irrte. Wir verstehen die Schrift
heute so, dass Berengar keineswegs die sakramentale Verge-
genwärtigung Jesu Christi ablehnte, sondern deren ontologi-
sche Realität in Brot und Wein. Hinzu kommt, dass Lessing
nicht der Erste war, der das Manuskript, das ihn so stolz
machte, wiederfand. Der lutherische Theologe Matthias Flacius Illyricus hatte bereits im 16. Jahrhundert auf der Vorderseite des ersten Blatts eigenhändig notiert: »De sacra coena
domini, praesertim de transsubstantiatione«.

Lessing irrte – und doch ist die Ankündigung seines Fun-
des aufschlussreich, so aufschlussreich, dass sie aus mehreren
Gründen geeignet scheint, das vorliegende Buch zu eröffnen.
So lädt uns Lessing regelrecht dazu ein, ihn auf eine Entde-
ckungsreise in die Geschichte der herzoglichen Bibliothek in
Wolfenbüttel zu begleiten. Eine Reise, die umso spannender
ist, weil Lessing selbst seinen neuen Arbeitsort erst kennenler-
nen musste. Lessing führt uns auf dieser Reise vor Augen, dass
Bewahren und Verbergen in einer Bibliothek zusammenfal-
len können – und dass dabei die Herkunft einzelner Sammlungen eine Rolle spielt. Das Miteinander von Bewahren und
Verbergen wiederum erlaubt es, Funde zu machen. Nebenbei
bemerkt: Der buchsammelwütige Umberto Eco sah in der

Ermöglichung des »Fundemachens« augenzwinkernd eine der wichtigsten Aufgaben von Bibliotheken. Gleichzeitig zeigt uns Lessing, wie er seinen neuen Beruf verstand: Nicht Diener seines Bücherhauses wollte er sein, jedenfalls nicht in erster Linie, sondern Nutzer, Forscher, Kommunikator und damit, wie nicht anders zu erwarten: Wahrheitssucher, Aufklärer. Ein Selbstverständnis, das ihn bei seinen Vorgesetzten mehr als einmal anecken ließ. Vor allem aber: Die Ankündigung lässt keinen Zweifel daran, dass Lessing um das enge Wechsel- und Zusammenspiel von Büchersammlungen und Wissenskulturen wusste. Lessing macht uns in seiner Ankündigung darauf aufmerksam, dass ein einzelner Text ganze Sammlungen verändern kann, weil er sie in eine neue Perspektive rückt, ja, weil er sie mit einer neuen Bedeutung versieht. Lessing ging fest davon aus, dass die reichen theologischen Bestände der herzoglichen Bibliothek in Wolfenbüttel nach seinem Fund nie mehr sein würden, was sie gewesen waren. Der Bibliothekar und Philosoph Ulrich Johannes Schneider hat in diesem Zusammenhang einmal davon gesprochen, dass wir wissensgeschichtlich von einem wechselhaften »inneren Leben« jeder Büchersammlung ausgehen müssen, das nicht zuletzt von den intellektuellen Beziehungen zwischen den Texten bestimmt wird, die kommen und manchmal auch wieder gehen.

Man kann es auch so sagen: Die Ankündigung des glücklichen und stolzen Neubibliothekars Gotthold Ephraim Lessing legt uns nahe, die Geschichte einer Bibliothek immer auch als Wissensgeschichte zu verstehen, die sehr viel mehr ist als die Geschichte einer Institution und ihrer Bestände, hat doch Wissensgeschichte nicht nur die Bücher und die Texte im Blick, die diese Bücher enthalten, sondern auch die Bedeutungszusammenhänge, die ihr Zusammentreffen hervorbringt. »Eine Geschichte in Büchern« – das heißt vor diesem Hintergrund: eine Geschichte, die Bibliotheks-, Buch- und Wissensgeschichte verbindet, indem sie diese Zusammenhänge offenlegt.

Anfänge. Anfänge?

Am 5. April 1572 erließ Herzog Julius zu Braunschweig und Lüneburg eine eigenhändig verfasste »Verordnung«, die bis heute als »Gründungsdokument« der Bibliothek in Wolfenbüttel gilt – und die an ihrem Ende als »Libereyordnung« bezeichnet wird. Die Ordnung umfasst zehn Artikel, in denen die »Pflichten« des jüngst ernannten »Bibliothecarius« Leonhart Schröter aufgeführt werden. Schröter war und blieb zugleich lutherischer Kantor an der Lateinschule in Saalfeld und ein durchaus namhafter Komponist geistlicher Musik.

Schröter habe, so heißt es im ersten Artikel, täglich – im Sommer wie im Winter – in der »Bibliotheca« zu sein, um sein Amt auszuüben und den Anordnungen des Herzogs jederzeit und unverzüglich mit Fleiß nachzukommen. Er habe, so der zweite Artikel, alle Bücher in jedem »schap« und Schrank zu »registrieren« und mit Versalien, also Großbuchstaben, zu versehen und je nach Standort fortlaufend zu nummerieren, damit jedes Buch ohne »suchen« aufzufinden sei. Wir dürfen vermuten, dass der Herzog bei dieser Bestimmung an die Signaturen spätmittelalterlicher Klosterbibliotheken dachte. Er habe, so der dritte Artikel, ein »Verzeichnis« aller Bücher anzulegen, der kleinen wie der großen, der gebundenen wie der ungebundenen, und dabei auch an jene zu denken, die noch »kommen werden«. Wichtig sei, so der Herzog, dass in diesem Verzeichnis festgehalten werde, wo jedes Buch stehe.

2 »Vnser von Gotts gnaden Juliussen Hertzogen zu Braunschweig vnd Luneburg Verord[n]ung, wie wir mit gnaden gehabt haben wollen, das sich vnser Bibliothecarius diener vnd lieber getrewer Leonhartt Schroter in vnser biblioteck beÿ seinen Pflichten vnd Ayden halten soll.« Anfang der »Libereyordnung« des Herzogs Julius zu Braunschweig und Lüneburg im Niedersächsischen Landesarchiv Abteilung Wolfenbüttel (Bl. 12ʳ).

Wir würden heute von einem Standortkatalog sprechen – und sind an dieser Stelle zugleich mit einem bibliothekarischen Grundproblem konfrontiert, das uns noch häufiger begegnen wird: Es gibt immer mehrere Möglichkeiten, ein Buch im Regal zu platzieren, nach Inhalt, Größe oder Sprache, nach Verfasserin bzw. Verfasser, nach Erscheinungs- oder Anschaffungszeit, ja, selbst nach ästhetischen Kriterien oder »guter« Nachbarschaft. Jedes Buch begehrt mehrere, wenn nicht viele Plätze, kann aber nur einen haben. Ordnung ist also immer auch »Verortung«, die so oder so ausfällt. Das aber heißt: Wo Bücher zusammengebracht werden, entsteht eine Ordnung, die nicht anders sein kann als prekär.

Ein ganz anderes bibliothekarisches Grundproblem benennt der vierte Artikel, der den Bibliothekar dazu anhält, die ihm anvertrauten Bücher mindestens einmal in der Woche zu »putzen« und zu »wischen«, damit weder Staub noch Motten oder Würmer sie »verderben«. Der fünfte Artikel weist zurück auf den dritten, indem er ein eigenes Verzeichnis für Bücher fordert, die mehr als einmal in der Bibliothek vorhanden sind. Ein Verzeichnis, das dem Herzog allem Anschein nach besonders am Herzen lag, modern gesprochen: ein »Dublettenverzeichnis«.

Die folgenden vier Artikel gelten der Benutzung oder besser vielleicht: der Nicht-Benutzung der Bibliothek. Der sechste Artikel bestimmt auffällig scharf, dass der Bibliothekar, der hier erstmals auch »Buchverwalter« genannt wird, niemandem – es sei, wer es wolle – ohne schriftlichen Befehl des Herzogs ein Buch aushändigen, ausleihen oder auch nur zeigen dürfe. Der siebte Artikel schreibt vor, dass Bücher, deren Ausleihe der Herzog erlaubt habe, mit Titel, Blattzahl, Tag der Mitnahme und Tag der vereinbarten Rückgabe in ein »Quitanzbuch« einzutragen seien. Vor der Ausleihe habe der Bibliothekar jedes Buch Blatt für Blatt zu »nummerieren«, um einen Verlust sofort erkennen und anzeigen zu können. Der achte Artikel verpflichtet den Bibliothekar darauf, die Bücher zum vereinbarten Zeitpunkt zurückzufordern und gleich nach Erhalt gründlich zu prüfen, ob sie zerschnitten oder durchstochen worden seien, was andernorts ein gewisser »Illyricus« getan habe. Illyricus? In der Tat, es handelt sich um jenen bereits erwähnten lutherischen Theologen Matthias Flacius Illyricus, der als notorischer Bücherfledderer, ja, Bücherdieb galt – und das, wie wir inzwischen wissen, durchaus zu Recht. Herzog Julius konnte es nicht ahnen: Sein Sohn und Nachfolger erwarb die bedeutende Bibliothek des Theologen 25 Jahre später für das Bücherhaus in Wolfenbüttel, wo in den einschlägigen Bänden bis heute Fragmente unterschiedlicher Provenienz gefunden werden, die Flacius auf seinen Bibliothekstouren vorzugsweise aus Codices herausgetrennt bzw. herausgeschnitten hat. Der neunte Artikel knüpft an den achten an, indem er verbietet, dass jemand ohne herzoglichen Befehl die Bibliothek betritt. Lediglich zwei Gruppen nimmt der Artikel von diesem Verbot aus: »fürstliche Personen« und Gesandte. Angesichts der Vorwürfe gegen Flacius ist es alles andere als erstaunlich, dass Gelehrten keine Privilegien eingeräumt werden. Ganz davon abgesehen, dass wir fürstliche Bibliotheken des 16. Jahrhunderts gründlich missverstehen würden, wollten wir sie an ihrer Zugänglichkeit messen. Bibliothek, das war nicht nur in

Wolfenbüttel vor allem eines: Herrschaft. Herrschaft über das Wissen und Herrschaft mit dem Wissen, nicht zuletzt im Rahmen höfischer symbolischer Kommunikation. Der neunte Artikel der Ordnung weist den Bibliothekar darüber hinaus an, darauf zu achten, dass Besucher keine wallenden Talare oder überlangen Röcke tragen, um zu vermeiden, dass Messer oder andere Gegenstände zum Herausschneiden oder Heraustrennen einzelner, vorzugsweise illuminierter Blätter ungesehen in die Bibliothek gelangen. Der zehnte Artikel schließlich schärft all das noch einmal nachdrücklich ein, den Eiden gemäß, die Leonhart Schröter geschworen habe.

Es ist bereits darauf hingewiesen worden, dass die »Libereyordnung«, die Herzog Julius 1572 erließ, bis heute als »Gründungsdokument« der Bibliothek in Wolfenbüttel gilt – und tatsächlich ist die Ordnung das erste Dokument, das ausführlich auf die herzogliche Büchersammlung in der Residenzstadt eingeht. Wie aber sah diese Sammlung aus, die Julius in seiner Ordnung immer wieder als »Bibliothek« bezeichnet? »Bescheiden«, so kann man gelegentlich lesen. Was aber heißt das? Wir müssen solchen Taxierungen schon deshalb mit Vorsicht begegnen, weil sie häufig Fortschrittsnarrativen geschuldet sind, die »bescheidene Anfänge« brauchen, um spätere Entwicklungen in ein geradezu teleologisches Licht rücken zu können – und dabei oft genug planvoller erscheinen zu lassen, als sie waren. Fest steht, dass Julius seit seiner Studienzeit Bücher kaufte, auf seiner Grand Tour durch Frankreich zum Beispiel alters- und standesgemäß mehrere Ritterromane; und fest steht auch, dass er dabei nach und nach zum Sammler wurde, wobei ohne Frage repräsentative Absichten eine Rolle spielten. Die eigenhändigen Besitzeinträge samt Devise lassen das ebenso erkennen wie die aufwendig gestalteten Bucheinbände. Als Julius, der für eine geistliche Laufbahn vorgesehen war, nach dem Tod seiner beiden älteren Brüder auf dem Schlachtfeld zum Thronfolger avancierte, begann er, zunehmend auch Fürstenlehren sowie historische und juristische Literatur zu erwerben. Hinzu kamen theologische Abhandlungen, die keinen Zweifel an seinen Sympathien für die Reformation lassen, darunter Martin Luthers *Deutscher Katechismus* und Philipp Melanchthons *Hauptartikel Christlicher Lehre*, Sympathien, die seinen Vater Heinrich mehr als einmal gegen ihn aufbrachten. Alles in allem sind aufgrund von Bestandsaufnahmen bzw. Besitzeinträgen etwa 50 gedruckte Bücher nachweisbar, die Julius zwischen 1550 und 1558 erwarb – und zwar in aller Regel neu auf dem je aktuellen Buchmarkt. Man muss es so deutlich sagen: Auch nach den Maßstäben des 16. Jahrhunderts war das noch keine »Sammlung«, die einer »Libereyordnung« bedurft hätte.

Als Julius 1568 die Regierung antrat, sah das allerdings schon anders aus. Die Sammlung war gewachsen, wobei ohne Frage der zunehmende Erwerb von Büchern eine besondere Rolle gespielt hatte, die dazu geeignet schienen, Herrschaft vorzubereiten: politisch, ökonomisch und juristisch, aber auch ethisch und theologisch. Eine Tendenz, die gewiss auch den Kauf der Bibliothek des Nürnberger Stadtsyndikus Michael von Kaden im Jahr vor Julius' Amtsantritt befördert hatte. Ganz davon abgesehen, dass diese Bibliothek auch jenseits pragmatischer Erwägungen attraktiv erscheinen konnte, umfasste sie doch Kostbarkeiten wie das einzige bekannte Exemplar der von Adam Steinschaber 1478 in Genf mit kolorierten Holzschnitten gedruckten *L'Histoire de la belle Mélusine* des Jean d'Arras.

Vor allem aber: Die Sammlung wuchs weiter, nachdem Julius die Regierung angetreten hatte, und das insbesondere aus einem Grund: Noch im Jahr seines Amtsantritts führte der neue Landesherr die lutherische Reformation ein, was nicht zuletzt die Klöster und Stifte in seinem Fürstentum zu spüren bekamen – und damit auch deren Bücher und Handschriften. Denn, so die einschlägigen Verordnungen, Drucke, Manuskripte, die »papistisch« seien, sollten eingezogen und nach Wolfenbüttel verbracht werden. Was aber hieß das – »papistisch«? Visitationen wurden durchgeführt, Inventare angelegt und schließlich geprüft, was der »reinen christlichen Lehre« entspreche und damit »nützlich« sei, was also in den geistlichen Sammlungen verbleiben konnte und was nicht. Aus einigen Verzeichnissen erfahren wir, wie gründlich (und kompromisslos) die fürstlichen Experten dabei vorgingen, bevor die aussortierten »Stücke« in Truhen gepackt, auf Pferdewagen geladen und nach Wolfenbüttel gebracht wurden. Allein im Frühjahr 1572 kamen Wagenladungen »abgeforderter papistischer Bücher« aus den Nonnenklöstern Dorstadt, Heiningen und Steterburg bei Wolfenbüttel, Marienberg bei Helmstedt, Wöltingerode bei Goslar und Lamspringe zwischen Hildesheim und Göttingen in der Residenz an, wo sie Eingangsvermerke erhielten und in den (beheizbaren) Räumen der Kanzlei nahe dem Schloss einen neuen Platz fanden. Hinzu kamen zahlreiche Handschriften, die das spirituelle

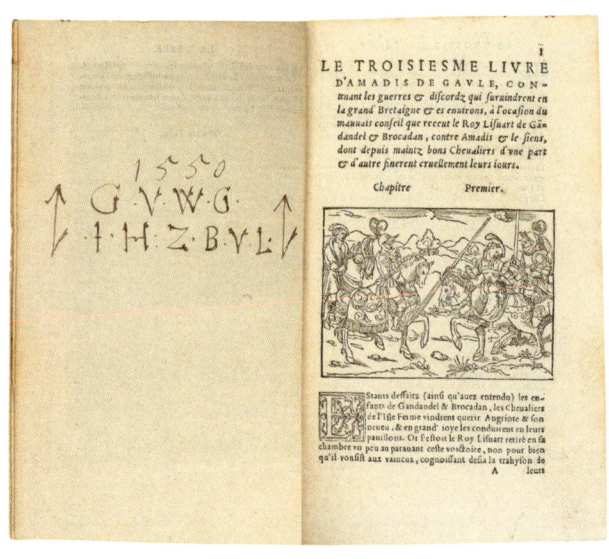

3 *Eines der Bücher, die Julius 1550 mit einiger Sicherheit auf seiner Tour de France erwarb, war die gerade erschienene achtbändige französische Übersetzung des populären Ritterromans* Amadis de Gaula. *Der eigenhändige Besitzeintrag auf dem Buchspiegel (hier im dritten Band) umfasst das Jahr des Erwerbs, die Anfangsbuchstaben der frühen Devise des Herzogs »Gottes Vorsehung wird geschehen« sowie die Anfangsbuchstaben seines Namens und Titels »Julius Herzog zu Braunschweig und Lüneburg«.*

4 Auch die Bibliothek Michael von Kadens, die Julius 1567
erwarb, enthielt Ritterromane. Auf dem Titelblatt der Geschichte
der beiden »nobles & vaillans chevaliers Valentin et Orson« von
1526 ist unten der Besitzeintrag von Kadens zu erkennen. Auf dem
Vorsatz findet sich die spätere Devise des Herzogs »Alijs inserviendo
consumor« (»Anderen dienend, verzehre ich mich«) von der Hand
eines Sekretärs mit Besitzeintrag sowie Jahr und Tag des Erwerbs.

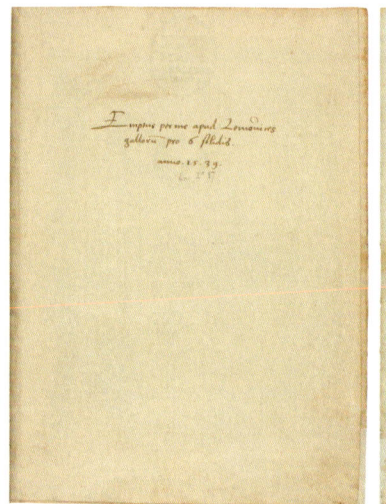

5 Auch in der L'Histoire de la belle Mélusine *aus der Bibliothek Michael von Kadens stoßen wir auf die Devise des Herzogs, einen Besitzeintrag und das Datum des Erwerbs. Hier allerdings auf dem Titelblatt. Die Hand des Schreibers kennen wir vom Titelblatt der Geschichte der beiden Ritter Valentin und Orson. Auf dem Vorsatz hat der Nürnberger Stadtsyndikus und Sammler den Kauf selbst vermerkt: »Emptus per me apud Lemovices gallorum pro 6 solidis. anno 1539« (»Im Jahr 1539 in Limoges für sechs Schillinge von mir gekauft«).*

Selbstverständnis, aber auch das liturgische Leben in den betroffenen Klöstern und Stiften über lange Zeit hinweg nachhaltig geprägt hatten. Aus dem Zisterzienserinnenkloster Wöltingerode zum Beispiel gelangten etwa 85 Handschriften nach Wolfenbüttel, unter denen zwei Psalter aus der ersten Hälfte des 13. Jahrhunderts herausragen. Sie gehören bis heute zu den Zimelien der Bibliothek.

Im Gegenzug erhielten die Klöster und Stifte deutsche Bibeln in der Übersetzung Martin Luthers und reformatorische Schriften. In einigen Fällen auch neue Gesangbücher. Aus einem der einschlägigen Verzeichnisse geht hervor, dass Julius den Augustiner-Chorfrauen des Stifts Steterburg mitteilen ließ, welche Schriften fortan zu lesen und wann sie in Wolfenbüttel abzuholen seien. Auf eigene Kosten, wie eigens vermerkt wird. So üblich das Vorgehen des neuen Landesherrn auch war: Es wird niemanden überraschen, dass es zu Klagen kam, zu Klagen, die erahnen lassen, wie tiefgreifend die Buch- und Handschriftenverluste den geistlichen (und sozialen) Alltag in den Konventen veränderten, die aber auch sammlungsgeschichtlich aufschlussreich sind. Um nur ein Beispiel zu nennen: Als Domina und Konvent des Benediktinerinnenklosters Lamspringe im Frühjahr 1573 bei Julius gegen die Einziehung ihres Kirchenschatzes protestierten, führten sie in ihrem Klagebrief unter den »Kleinodien« des Schatzes auch zwei Evangeliare auf, deren Einbanddeckel genau beschrieben werden. Wir dürfen davon ausgehen, dass es sich um zwei Pergamenthandschriften aus dem 10. Jahrhundert handelt. Auch sie gehören heute zu den Zimelien der Bibliothek. Ohne den Klagebrief würden wir ihre Herkunft nicht kennen.

6 Eines der Bücher, die im Frühjahr 1572 aus dem Augustiner-
Chorfrauenstift Steterburg auf einem Pferdewagen nach
Wolfenbüttel gebracht wurden, war das »Breviarium Romanum«,
das Andreas Torresanus um 1495 in Venedig gedruckt hatte.
Der Eingangsvermerk auf dem Vorsatz lautet: »Auß Steterburgk
den 18 Martij Ein kommen, Anno 72«.

7 Hinterer, aus vergoldetem Kupferblech gearbeiteter Einbanddeckel
eines der beiden Evangeliare aus dem Benediktinerinnenkloster
Lamspringe, deren Verlust die Nonnen im Frühjahr 1573 so bitter
beklagten. Der Einband dieses Evangeliars aus dem späten 10. Jahrhundert weist aufwendig gestaltete florale Kompositionen auf – und
ist zudem der am besten erhaltene Einband aller Evangeliare in der
Herzog August Bibliothek. Das Evangeliar selbst stammt aus der
Frühzeit des Klosters und ist wahrscheinlich in Corvey entstanden.

*8 Eingangsvermerk (Bl. 1ʳ) und Weltgerichtsdarstellung (Bl. 149ᵛ)
des älteren der beiden Psalter, die am 15. März 1572 aus dem
Zisterzienserinnenkloster Wöltingerode nach Wolfenbüttel gelangten.
Der Psalter entstand um 1220, möglicherweise in Hildesheim.*

All das aber heißt auch: Als Julius seine »Libereyordnung« erließ, wusste er bereits sehr genau, was die Einführung der Reformation in seinen Landen für die »Bibliothek« in Wolfenbüttel bedeuten würde; ja, es liegt sogar nahe, zwischen den einschlägigen reformatorischen Maßnahmen und dem Erlass der Ordnung und der Einstellung eines »Bibliothekars« einen mehr oder weniger direkten Zusammenhang herzustellen. Ganz davon abgesehen, dass die Einführung der Reformation in den folgenden Jahren weiteren Zuwachs brachte. Denn nicht nur, dass sie »neue« konfessionelle Netzwerke mit einer ausgeprägten Gabentauschkultur entstehen ließ, die nicht zuletzt Bücher und Handschriften umfasste, sie verlangte immer wieder auch nach innerprotestantischer Positionierung, die nicht ohne Lektüre zu haben war. So spricht viel dafür, den Erwerb der Handschriftensammlung aus dem Nachlass des lutherischen Theologen Johannes Aurifaber 1578 auch vor dem Hintergrund der Auseinandersetzungen um das »Corpus doctrinae« Philipp Melanchthons zu verstehen, das als Summe der »reinen« reformatorischen Lehre keineswegs unumstritten war. Die Sammlung des letzten Famulus Martin Luthers umfasst u. a. zahlreiche Autographen des Reformators, aber auch Melanchthons und anderer Reformatoren.

Man kann es auch so sagen: Wer nach den »Anfängen« der Bibliothek in Wolfenbüttel fragt, fragt immer auch nach der Reformation, die Wachstum sicherstellte, die vor allem aber erkennen lässt, wie Sammlungen als kulturelle Ressourcen identifiziert, taxiert, funktionalisiert und transformiert wurden. Die Reformation führt uns vor Augen, wie »neue«

9 Schenken als konfessionelle Praxis: 1573 schenkte der hessische Landgraf Wilhelm IV. Herzog Julius ein auf das Jahr 1194 datiertes Evangeliar, das es in jeder Hinsicht mit jenem Codex Heinrichs des Löwen und Mathildes von England aufnehmen kann, der einige hundert Jahre später in die Bibliothek gelangte. Es spricht viel dafür, dass auch das Evangeliar von 1194 im berühmten Skriptorium des nordhessischen Benediktinerklosters Helmarshausen entstand. Das Evangeliar von 1194 war im Besitz des frühen fürstlichen Anhängers der Reformation Landgraf Philipp I. von Hessen gewesen, was es als Geschenk unter Lutheranern in besonderer Weise auszeichnete. Die Abbildung zeigt die Darstellung des Weltgerichts (Bl. 13ᵛ).

Wertzuschreibungen Sammlungen verändern können, bis hin zu ihrer Auflösung, und wie dabei »neue« Kulturen des Nachhaltens entstehen. Die Reformation erlaubt es, Kultur – Buchkultur, Handschriftenkultur – als dynamischen Bedeutungszusammenhang zu beobachten, der Vergangenheit und Gegenwart kulturellen Handelns in Beziehung setzt. Anfänge? So viel jedenfalls steht fest: Indem Herzog Julius zu Braunschweig und Lüneburg in seiner »Libereyordnung« von »Bibliothek« spricht, schreibt er seiner Sammlung einen kulturellen Wert zu, der weit über die kontingente Faszinationskraft einzelner Bücher und Handschriften hinausgeht.

10 Die Abbildung zeigt die Vorderseite eines Einbands, den der Wolfenbütteler und Helmstedter Buchbinder Lucas Weischner 1577 für ein Exemplar des sogenannten Corpus doctrinae Juleum *anfertigte. Herzog Julius hatte das* Corpus reformatorischer Grundschriften, *das auf Philipp Melanchthon zurückgeht, ein Jahr zuvor für sein Fürstentum erlassen. Der Einband gehört zu den prunkvollsten der Bibliothek. Ein dazu passender, ebenfalls prunkvoll gestalteter Holzkasten schützt Einband und Buch – und macht zugleich die Bedeutung sichtbar, die der Herzog seiner »Variante« des* Corpus *beimaß.*

Sumptu me multo Dominus studioque peronat.
Ut sim culta bonis BIBLIOTHECA libris
Spectatum admissus probitatis munia servet:
Ne quid deformet, surripiatue mihi
Ordine quaque videt quo nunc digesta, reponat
Ne sint diversis post repetenda locis.
Urgenti Dominus si quicquam commodet, illud
integrum, ut accepit, non monitus referat.
Si quaedam inveniet non prorsus grata palato,
Judicioque nimis forte probanda suo:
Sese contineat placide; tacitus meditetur,
Insunt et scriptis turpia menda, meis:
Hanc quisquis Legem contemnes, BIBLIOTHECA
Abstine ab alterius: volve revolve tuam,

11 *Die Holztafel mit der Bibliotheksordnung Herzog Augusts des Jüngeren zu Braunschweig und Lüneburg.*

Bibliotheca Augusta

Wer heute das Zeughaus in Wolfenbüttel betritt, wird streng ermahnt, ohne es zu bemerken – jedenfalls darf das für die meisten Besucherinnen und Besucher vermutet werden. An der Ostseite der Halle des Renaissancebaus, der seit 1974 zur Herzog August Bibliothek gehört, hängt über der Galerie eine fast anderthalb Quadratmeter große dunkle Holztafel, auf der in lateinischen Versen (und in goldenen Lettern) die Bibliothek selbst spricht. Ihr Herr habe weder Kosten noch Mühen gescheut, sie mit »guten Büchern« auszustatten, die angemessen zu behandeln seien – und die es vor allem nicht heimlich zu stehlen gelte. Jeder, der zu ihrer Besichtigung zugelassen worden sei, habe die Bücher, die er betrachte, wieder an jenen Platz zurückzustellen, den ihre Ordnung vorgebe. Wenn ihr Herr jemandem, der heftig danach verlange, die Erlaubnis erteile, ein Buch auszuleihen, sei es ohne Mahnung und ohne Beschädigung zurückzubringen. Wer in ihr etwas finde, das seiner Meinung nach keinen Beifall verdiene, solle still bedenken: Auch in meinen Büchern gibt es hässliche Irrtümer, »turpia menda«. Wer auch immer diese Regel, »legem«, missachte, tue gut daran, die Bibliothek eines anderen zu meiden – und die eigene umso aufmerksamer zu nutzen. Was hat es mit dieser Tafel auf sich? Wer der Herr der Bibliothek war, die bis heute zu uns spricht, erfahren wir im oberen Teil des Rahmens durch das

Wappen und im unteren Teil durch eine Inschrift mit dem Namen des Auftraggebers: Herzog August der Jüngere zu Braunschweig und Lüneburg. Auch die Devise des Herzogs findet sich dort: »Alles mit Bedacht«, und das Datum der Anbringung der Tafel: 1636. Mehr noch: Aus anderen Quellen wissen wir, dass der Verfasser der Verse kein Geringerer als der gelehrte Theologe und langjährige Briefpartner des Herzogs Johann Valentin Andreae war. Was aber können wir mit der Jahreszahl 1636 anfangen – und wo hing die Tafel ursprünglich? In anderen Worten: Was war das für eine Bibliothek, die uns heute im Zeughaus begrüßt und ermahnt?

Wie Herzog Julius hatte auch Herzog August als jüngster Sohn aus der Dannenberger Nebenlinie der Fürsten von Lüneburg in seiner Jugend (und deutlich darüber hinaus) vor allem eines: Zeit. Zeit, die er nutzte – nicht zuletzt zum Sammeln von Büchern. Nachdem er in Rostock, Tübingen und Straßburg studiert hatte, ging er jahrelang auf Reisen, die ihn nach Italien, in die Niederlande, nach England und Frankreich führten. 1604 sprach ihm ein Erbvertrag Stadt und Amt Hitzacker an der Elbe zu. Im Grunde nicht mehr als ein größeres Rittergut mit alles in allem rund 2000 Untertanen. Hinzu kam eine Apanage, die ihm gewisse Spielräume für die Anschaffung von Büchern eröffnete. In Hitzacker, das er sein »Ithaka« nannte, verbrachte August 30 Jahre, lesend, schreibend und sammelnd. Möglicherweise ließ er sogar ein eigenes Gebäude für seine Bücher errichten. Als »Landesvater« hatte er nicht viel zu tun – war aber diplomatisch durchaus aktiv, wie auch als Hexenverfolger. Allein zwischen

1610 und 1615 sollen in Hitzacker 70 Frauen und Männer verbrannt worden sein. Als 1634 mit Herzog Friedrich Ulrich die Wolfenbütteler Linie des Welfenhauses ausstarb, gelang es August in einem höchst verwickelten Erbfolgestreit, mit Rückendeckung des Kaisers neuer Fürst von Braunschweig-Wolfenbüttel zu werden. Da seine Hauptstadt Wolfenbüttel von kaiserlichen Truppen besetzt war, musste er zunächst in Braunschweig residieren, wohin er 1636 auch seine Bibliothek bringen ließ, die zu diesem Zeitpunkt etwa 10 000 Bände umfasste. Wie wir aus einem Brief des Herzogs wissen, begleitete er den Transport der Bücher von Hitzacker nach Braunschweig persönlich, was angesichts der Kriegswirren alles andere als ungefährlich war. Vermutlich entstand die Holztafel mit der Bibliotheksordnung anlässlich dieses Umzugs, wobei wir nicht wissen, wo sie erstmals angebracht wurde. Als August 1643 endlich in Wolfenbüttel einziehen konnte, folgte ihm seine Bibliothek gewissermaßen auf dem Fuß, um im Mittelgeschoss des Marstalls direkt neben dem Schloss eine neue Heimat zu finden. Allein die erste Büchersendung aus Braunschweig im Januar 1644 umfasste 55 Bücherkisten, die insgesamt fast 500 Zentner wogen. Da die Pferde im Erdgeschoss blieben und die Waffen aus dem Mittelgeschoss unters Dach wanderten, konnte der Dichter Sigmund von Birken, der Hofmeister in Wolfenbüttel gewesen war, 1648 in einem Sonett »Uber das Haus / darinn diese Bücherey beygestellet« reimen:

Diß Haus kan ungefragt dir seinen Herren nennen.
hier unter in dem Stall steht manches gutes Pferd:

35

dort oben an dem Dach liegt Rüstung / Spiß / und Schwerd:
das Mittel ist ein Ort / da kluge Geister brennen.

Wie auch immer man metaphorisch – und poetisch – zu jenem spirituellen Brand im Mittelgeschoss stehen mag, den
von Birken hier entfacht: Indem der Dichter die Ordnung
des Marstalls als epistemische Ordnung feiert, konstituiert er
einen Wissensraum, der uns einmal mehr an die enge Verbindung von Bibliothek und Herrschaft erinnert. Zeitgenös-
sische Kupferstiche lassen keinen Zweifel daran, dass die
Tafel, die heute im Zeughaus zu den Nutzerinnen und Nutzern der Herzog August Bibliothek spricht, bald nach dem
Umzug der Bücher von Braunschweig nach Wolfenbüttel
ihren Platz neben dem Eingang zur Marstall-Bibliothek
fand. Am Ende des Dreißigjährigen Krieges wachte sie über
17 000 Bände mit 60 000 Schriften und fast 800 Manuskripte.

Wo aber waren die Bücher und Handschriften, die Herzog Julius mehr als zwei Generationen zuvor in Wolfenbüttel zusammengetragen hatte? Die Sammlung war 1618 an die
Universität Helmstedt gegangen, die Julius bereits 1576 gegründet hatte, und zwar umfänglicher denn je – hatte doch
Heinrich Julius, der gebildete und dichtende Theateренthu-
siast, praktizierende Alchemist und engagierte Förderer des
Komponisten Michael Praetorius, das Bücherwerk seines Va-
ters fortgesetzt. Allein der bereits an anderer Stelle erwähnte Kauf der Bibliothek des lutherischen Kirchenhistorikers
(und Fledderers) Matthias Flacius Illyricus 1597 vermehrte
die Sammlung um 700 Bücher und über 150 Handschrif-

*12 Emblematisch: Herzog August als Bücherfürst inmitten seiner
Bibliothek im Marstall: darunter die Pferde, darüber die Waffen.
Der Stich des Hof-Kupferstechers, Verlegers, Zeichners und Buch-
händlers Conrad Buno entstand um 1650. Die Holztafel mit
der Bibliotheksordnung ist im Rücken des Herzogs sichtbar. Die
Inschrift links unten lässt die Nachwelt gut humanistisch wissen,
dass die Bücher, dass vor allem die Bücher der Alten eine Stimme
finden werden – auch wenn die Menschen schweigen.*

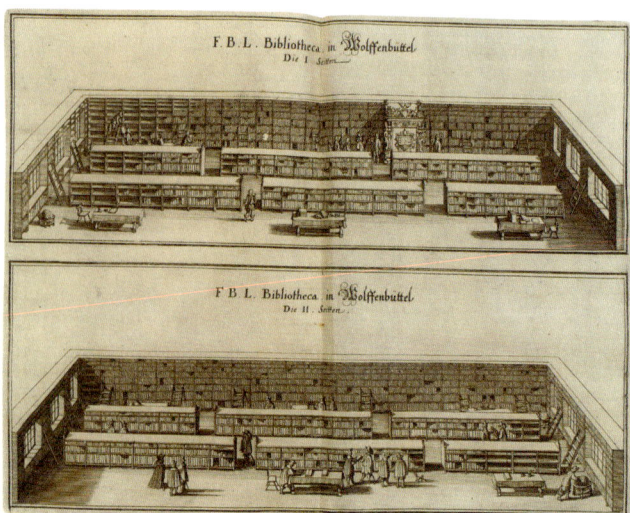

13 *Folgen wir diesem Kupferstich, so enthielt die Bibliothek im Marstall zwei große langgestreckte Büchersäle. Wir können davon ausgehen, dass sie beide auf dem Mittelgeschoss lagen und durch eine Wand getrennt waren, die der Stich allerdings nicht zeigt. Im oben abgebildeten Büchersaal ist wieder die Holztafel mit der Bibliotheksordnung zu erkennen. Der 1654 veröffentlichte Kupferstich stammt von Caspar Merian, geht aber auf Conrad Buno zurück.*

14 Die »Fürstliche Bibliothec in Wolfenbüttel wie solche von Aussen anzusehen«. Auch dieser, ebenfalls 1654 veröffentlichte Kupferstich stammt von Caspar Merian und geht auf Conrad Buno zurück.

15 Die Marstall-Bibliothek nahe Schloss und Zeughaus in der sogenannten Dammfestung in Wolfenbüttel. Noch einmal: Kupferstich
von Caspar Merian nach Conrad Buno, wieder 1654.

ten. Obwohl diese bedeutende, über 1000 Reichstaler teure Erwerbung bereits für die Universität Helmstedt vorgesehen war, ging sie zuerst einmal nach Wolfenbüttel, von wo aus Herzog Friedrich Ulrich sie zu Beginn des Dreißigjährigen Krieges mit der gesamten übrigen Bibliothek nach Helmstedt bringen ließ. In Helmstedt erhielt die Lieferung aus Wolfenbüttel ihren Platz im oberen Saal des neuen Hauptgebäudes, das noch zur Regierungszeit des alten Herzogs Heinrich Julius fertiggestellt worden war: gut 5000 Bücher und Handschriften, die 1622 erstmals als »Bibliotheca Julia« bezeichnet wurden. Der größte Teil der »Bibliotheca Julia« kam nach Schließung der Universität Helmstedt 1810 nach Wolfenbüttel zurück: über manchen Umweg – und über mehr als ein Jahrhundert.

Wie auch immer man die Überführung der »Bibliotheca Julia« nach Helmstedt sammlungs- und wissenshistorisch taxiert, eines steht fest: Die interessierten Zeitgenossen beobachteten vor allem die Entwicklung der herzoglichen Bibliothek in Wolfenbüttel – und man darf hinzufügen: staunend. So wurde schon zu Lebzeiten Herzog Augusts die Bezeichnung »Augusta Bibliotheca« bzw. »Bibliotheca Augusta« üblich, wobei das Wortspiel nach und nach verblasste. Als der herzogliche Kanzler Johann Schwartzkopf 1649 eine kurze lateinische Beschreibung der Sammlung unter dem Titel »Bibliotheca Augusta« veröffentlichte, war die Bezeichnung schon nicht mehr neu; und als der bedeutende Gelehrte und herzogliche Berater Hermann Conring 1661 seinen weit ausholenden panegyrischen Brief »De Bibliotheca Augusta« erscheinen ließ, war sie bereits fest etabliert. Im selben

16 Eine der Handschriften aus der Bibliothek des Matthias Flacius
Illyricus, die 1618 nach Helmstedt gelangte und 1815 wieder nach
Wolfenbüttel zurückkehrte, war ein Graduale aus Minden. Zwischen
1027 und 1032 für den musikalischen Vollzug der Messe im Mindener
Dom geschrieben, gehört es zu den Zimelien der Herzog August
Bibliothek. Die Abbildung zeigt seinen Anfang (Bl. 1ᵛ und 2ʳ).

Jahr feierte ein anonymes Helmstedter Gedicht anlässlich des 82. Geburtstags des Herzogs die Bibliothek als achtes Weltwunder:

Dieser Bücher Lust-Gezelt
Mag ich billig wol erkennen
Für ein Wunderwerk der Welt /
Vnd es recht das Achte nennen.

Als der Herzog 1666 hochbetagt starb, hinterließ er über 30 000 Bände mit 135 000 Schriften und über 2500 Manuskripte und damit ein Bücherhaus, das es an Größe (und Bedeutung) durchaus mit der Vatikanischen Bibliothek in Rom und mit der Kaiserlichen Bibliothek in Wien aufnehmen konnte. Wie war es möglich gewesen, ein solches Bücherparadies in einem alles andere als wohlhabenden Territorium zu schaffen, das noch dazu infrastrukturell, nicht zuletzt bildungsinfrastrukturell, eher randständig genannt werden muss? Da die Entwicklung der Bestandszahlen recht genau dokumentiert ist – und zudem Bücherrechnungen in großer Zahl vorliegen, können wir zuerst einmal festhalten, dass die Bibliothek vor allem im Krieg und ganz besonders in den Nachkriegsjahren wuchs. Ein Befund, der nur auf den ersten Blick erstaunt, führte doch die Not des Krieges allerorten zu Bibliotheksverkäufen kleinen und großen Stils, was die Zahl der angebotenen Bücher so stark anwachsen ließ, dass die Preise ins Bodenlose sanken. Gute Zeiten für Sammler, die jetzt en gros günstig einkaufen konnten, mancherorts nach Zentnern. Gute Zeiten auch für den bibliomanen Herzog in Wolfenbüttel, der solche Angebote zu nutzen wusste und ganz nebenbei manche Rechnung offenließ. In anderen Worten: Wer »Bibliotheca Augusta« sagt, sagt immer auch Krieg und Kriegsgewinn und verweist damit zugleich auf das durchaus ambivalente Verhältnis von Gewalt, Herrschaft und Sammlung. Der Transport der »Bibliotheca Palatina« von Heidelberg nach Rom 1623 mag ein besonders spektakulärer Fall gewesen sein. Allein aber stand er nicht: Buchtransfer im Krieg war in vielen Fällen Beutetransfer.

Hinzu kam, dass August schon früh damit begonnen hatte, ein Netzwerk von Vermittlern aufzubauen, die ihn über Entwicklungen auf den europäischen Bücher- und Handschriftenmärkten informierten – und die in aller Regel sehr genau wussten, wo sie beschaffen konnten, was der Herzog verlangte. Der wichtigste dieser Buch-Broker war der gebildete Augsburger Kunsthändler (und spätere Patrizier) Philipp Hainhofer. Der Herzog und der Kaufmann standen bereits seit Beginn des 17. Jahrhunderts in enger, ja, in freundschaftlicher Verbindung. Wir wissen, dass der weltläufige Hainhofer allein zwischen 1639 und dem Jahr seines Todes 1647 über 2000 Bücher und Handschriften nach Wolfenbüttel schickte, darunter viele aus Italien, wohin er enge Geschäftsbeziehungen unterhielt. Wie der Herzog hatte auch Hainhofer ein einschlägiges und eingespieltes Broker-Netzwerk aufgebaut, über das auch Luxusgüter an den in dieser Hinsicht nicht unbedingt verwöhnten Hof in Wolfenbüttel gelangten, wobei der sehschwache August gute Brillen – und politische Informationen – vorzog. Sein Briefwechsel mit dem rührigen Kunst- und Kulturunternehmer ist über viele Jahre mehr oder weniger vollständig überliefert. Wenn wir die Zusammenarbeit der beiden erfolgreich bzw. ertragreich nennen können, dann nicht zuletzt deshalb, weil Hainhofer auch mit anderen Angehörigen des europäischen Hochadels in regem Austausch stand, was er einem Marketinginstrument der besonderen Art verdankte: seinen Stammbüchern. So hat er im bedeutendsten dieser Alben, dem sogenannten »Großen Stammbuch«, zwischen 1596 und 1633 auf über 200 Seiten 93 Einträge zahlreicher hochrangiger »Freunde« gesammelt, darunter diejenigen der Kaiser Rudolf II. und Matthias, und damit ein Geschäftsmodell entwickelt, das ihm Türen zu Kreisen (und eben auch zu Kundenkreisen) öffnete, aus denen er ohne diese Demonstration kulturellen und sozialen Kapitals ausgeschlossen geblieben wäre. Herzog August selbst ließ 1613 ein Blatt für das Stammbuch gestalten, das er eigenhändig »suo amico«, »seinem Freund«, Philipp Hainhofer widmete. Nach dem Tod Hainhofers versuchte der Herzog, das Stammbuch zu erwerben, konnte es aber Hainhofers Sohn und Erben nicht abhandeln, was möglicherweise damit zu tun hatte, dass August zu den Schuldnern des Kaufmanns gehörte. Hainhofer hatte grundsätzlich auf Kredit geliefert, was ihm im Laufe des Krieges mehr und mehr zum Verhängnis geworden war. Als er völlig verarmt starb – er musste sogar die Familienbibliothek verkaufen –, übertrafen seine Außenstände seine Schulden bei weitem. Was aber wurde aus dem Großen Stammbuch? Bis ins 20. Jahrhundert hinein galt das Album als verschollen, bevor es 1946 unbemerkt ein Buchliebhaber in Cincinnati erwarb. Erst 2006 geriet es auf einer Auktion in New York wieder in den Blick der wissen-

17 Ein Geschäftsmodell der besonderen Art: das »Große Stammbuch« des Augsburger Kaufmanns und Patriziers Philipp Hainhofer.
Die Abbildung zeigt die eigenhändige Widmung Herzog Augusts
vom Juni 1613, die zugleich das wohl einzige persönliche Treffen
der beiden Geschäftspartner (und »Freunde«) dokumentiert. Die
Federzeichnung mit bukolischer Szenerie und Obelisk mit dem
Wappen des Herzogs stammt von dem Augsburger Zeichner und
Kupferstecher Lucas Kilian. Auch die Devise des Herzogs ist
erkennbar (S. 58).

18 Eintrag der späteren »Winterkönigin« Elizabeth (Stuart),
Kurfürstin von der Pfalz, mit Devise und britischem Wappen,
1616 (S. 24).

19 Schmuckseite des Stammbuchs mit Blumen und Conchylien,
Aquarell, Gold, mit Feder beschriftet, um 1590/1595 (S. 138f.).

schaftlichen Öffentlichkeit, als ein englischer Privatsammler den Zuschlag erhielt. 2020 schließlich gelang der Herzog August Bibliothek, was ihrem Namengeber 1647 verwehrt geblieben war: Sie erwarb das Stammbuch in London.

Keine Frage: Wenn es Herzog August gelang, mitten in der Provinz und mitten im Krieg ein Bücherparadies zu schaffen, dann deshalb, weil er über ein Netzwerk von Brokern verfügte, das neben Augsburg auch Nürnberg, Straßburg, Wien und andere europäische Zentren der Produktion und Zirkulation von Büchern umfasste. Gleichzeitig aber ist festzuhalten, dass der Herzog auch als Gelehrter – etwa als Verfasser von Standardwerken zu Schachspiel und Geheimschrift – über vielfältige Verbindungen verfügte, die für den Aufbau seiner Bibliothek nützlich waren: zu dem bereits erwähnten Theologen Johann Valentin Andreae in Stuttgart zum Beispiel oder zu einigen »seiner« Professoren in Helmstedt wie dem ebenfalls bereits erwähnten Universalgelehrten Hermann Conring. Selbst europäische (ja, globale) Berühmtheiten wie der jesuitische Polyhistor Athanasius Kircher in Rom gehörten zu seinen Korrespondenzpartnern. Hinzu kamen zahlreiche gelehrte Kontakte, die er als Mitglied der »Fruchtbringenden Gesellschaft« knüpfte, der größten deutschen Sprachakademie seiner Zeit. Gelehrte Kontakte, das hieß: Buchempfehlungen, Buchbesprechungen und Buchgeschenke; das hieß: Vermittlung einzelner Schriften und ganzer Sammlungen; und das hieß nebenbei bemerkt auch: die allmähliche Entstehung einer höfischen Wissenskultur in Wolfenbüttel, einer Wissenskultur von einiger Ausstrahlung.

Angesichts der Größe der Bibliothek, angesichts der Kosten und Mühen, die ihre Entwicklung voraussetzte, liegt die Frage nahe, was den Herzog als Sammler antrieb – und ausmachte. Gab es einen Plan? Ein Konzept? Ein Programm? Immer wieder ist in diesem Zusammenhang auf die »barocke Sammellust« hingewiesen worden, die das Handeln des Herzogs bestimmt habe, immer wieder auch auf das Ideal der fürstlichen »Universalbibliothek«. Aus Briefen des Herzogs wissen wir, dass er auf »Gutes« und »Rares« gesetzt hat – und schon ein kurzer Blick auf die Handschriften, die er im Laufe der Jahre erwarb, lässt in aller Deutlichkeit erkennen, wie ernst er es damit meinte. Hinzu kommen ohne Frage humanistisch und aristotelisch geprägte, nicht zuletzt auch konfessionelle Akzentsetzungen. Eine Sammlungsabsicht aber, einen Sammlungsplan oder ein Sammlungsziel hat der Herzog an keiner Stelle zum Ausdruck gebracht.

Wie auch immer wir heute mit diesem Befund umgehen, fest steht, dass die Zeitgenossen das herzogliche Bücherhaus in Wolfenbüttel rühmen konnten, ohne dass ein Sammlungsprofil erkennbar war, von einem Nutzungskonzept ganz zu schweigen. Wir werden es noch sehen: Im 18. Jahrhundert hätte das Fragen aufgeworfen. Was aber wurde gerühmt, wenn die Bibliothek gerühmt wurde? Die ausführlichste Antwort auf diese Frage hat Hermann Conring in seiner »Epistola de Bibliotheca Augusta« in sieben »Admiranda« gegeben: Die Bibliothek sei (1.) das Werk eines einzigen Fürsten, der sie aus dem Nichts geschaffen und noch zu Lebzeiten auf eine Höhe geführt habe, die nicht mehr zu übertreffen sei; die Bibliothek habe (2.) in den Jahren der Herrschaft die-

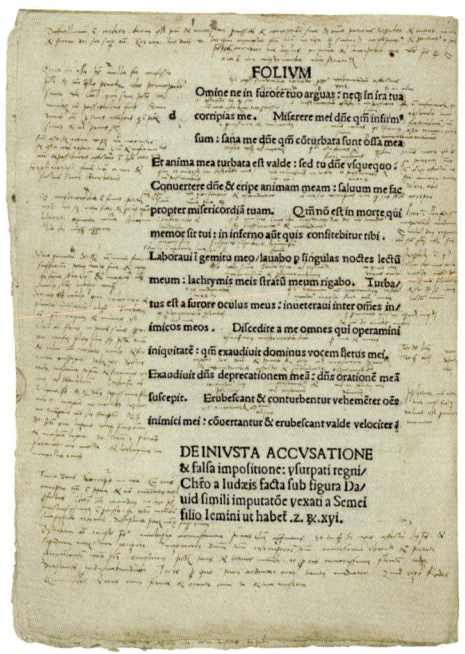

20 Was verstand Herzog August unter »Gutem« und »Rarem«?
Der sogenannte Wolfenbütteler Psalter, den er 1640 erwarb, ist
ein Beispiel dafür. Martin Luther ließ das Buch 1513 in Wittenberg
bei Johann Grunenberg anlässlich seiner Psalmenvorlesung
drucken: für sich und für seine Studenten. Die weiten Zeilenab-
stände und der breite Rand dienten ihm für seine handschriftlichen
Auslegungen und den Studenten für ihre Mitschriften. Das in
Wolfenbüttel erhaltene Exemplar ist das Handexemplar des Reformators selbst und zugleich das einzig erhaltene. Es ist über und
über beschrieben – und gehört seit 2015 zum deutschen Weltdoku-
mentenerbe der UNESCO. Sein Wert für die Rekonstruktion der
Entwicklung Luthers zum Reformator ist kaum zu überschätzen.
Die Abbildung zeigt die Auslegung von Psalm 6 (Bl. 15 b).

21 Zum »Guten« und »Raren« gehört ohne Frage auch eine der vier
überlieferten Bilderhandschriften des Sachsenspiegels, die zwischen
1348 und 1371 vermutlich in Obersachsen entstand. Herzog August
erwarb sie 1651. Der zwischen 1220 und 1235 geschriebene Sachsenspiegel des Eike von Repgow ist das bedeutendste deutschsprachige
Rechtsbuch des Mittelalters. Die Bildspalte, die wir hier sehen,
verweist auf den göttlichen Ursprung des Rechts; gleichzeitig zeigt
sie die verschiedenen Gerichte, die angerufen werden konnten
(Bl. 10ʳ).

22 Das Wolfenbütteler Perikopenbuch (Evangelistar), das zu Beginn
des 11. Jahrhunderts auf der Reichenau entstand, erwarb Herzog
August vermutlich 1658, wie ein Vermerk in seinem Katalog nahe-
legt. Perikopenbücher waren liturgische Bücher mit Textabschnitten
aus den Evangelien für die Lesung an den Sonn- und Feiertagen des
Kirchenjahrs. Die Abbildung zeigt die eigenwilligste der sechs Initia-
len des Codex: einen Laien, der die Flechtbandinitiale »I« erklettert
(Bl. 41ʳ)

23 Die Qualität einer Sammlung ist auch an der Qualität der Ge-
schenke abzulesen, die in sie eingehen. Der Psalter der Königin Beatrix von Ungarn, dessen Textanfang mit einem Bildnis König Davids
hier abgebildet ist, gehört zu den sogenannten »Corvinen«: illuminierten Handschriften aus der zerstreuten Bibliothek des ungarischen
Königs Matthias Corvinus, der sie in der zweiten Hälfte des 15. Jahrhunderts unter großem (auch finanziellem) Aufwand vorwiegend in
Italien erworben hatte. Der Psalter war vermutlich ein Geschenk des
Königs an Beatrix von Aragón, die er 1476 heiratete. Das ungarisch-
aragonesische Allianzwappen ist deutlich erkennbar. Insgesamt sind
neun »Corvinen« in die Bibliotheca Augusta eingegangen. Der Psal-
ter war aller Wahrscheinlichkeit nach ein Geschenk, das Sophia von
Brandenburg-Ansbach ihrem Cousin August 1619 gemacht hat. Der
Einband der Handschrift gehört zu den ganz wenigen »Corvinen«-
Ledereinbänden, die im Original erhalten geblieben sind.

CIRCOLO·CANCRI

CIRCOLO·DE·CANCRI

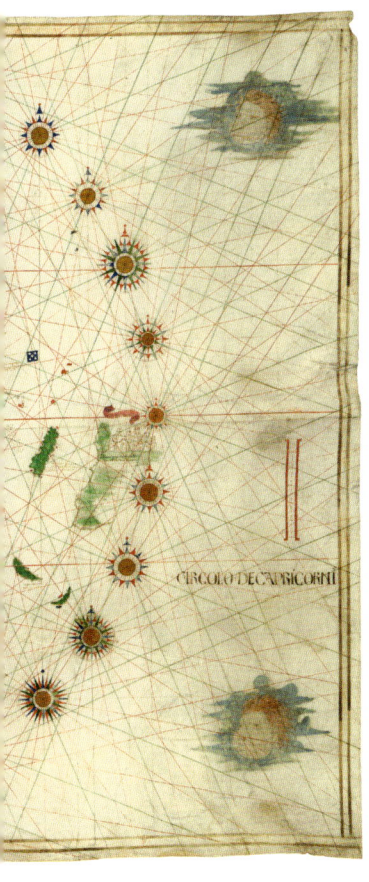

CIRCOLO DE CAPRICORNI

24 »Gut« und »rar«: Was für Handschriften und Bücher galt, galt auch
für Karten, vor allem für die sieben
großen Portulankarten, die Herzog
August erwarb: Seekarten des späten
Mittelalters und des frühen 16. Jahrhunderts. Die Abbildung zeigt eine
um 1509 entstandene unsignierte
Karte, die mit großer Sicherheit aus
der Werkstatt des portugiesischen
Kartographen Pedro Reinel und
seines Sohnes Jorge stammt. Sie
zeigt Süd- und Ostafrika mit dem
Indischen Ozean, die Südküste der
arabischen Halbinsel sowie die
West- und Südküste Indiens. Aus
der Korrespondenz des Herzogs wissen wir, dass die Karte um 1658 von
Johann Georg Anckel in Augsburg
bezogen wurde, dem Nachfolger des
Buch-Brokers Philipp Hainhofer.

25 »Gut« und »rar« war auch manches gedruckte Buch, das Herzog
August erwarb – oder als Geschenk erhielt wie wahrscheinlich die
erste französische Übersetzung des 1526 in Rom abgeschlossenen
berühmten »Libro de la Cosmographia & Geographia de Affrica«
des nordafrikanischen Gelehrten (und Konvertiten) Al-Hasan bin
Muhammad bin Ahmad al-Wazzan al-Fasi. Bemerkenswert an
dieser Ausgabe ist vor allem ihr Schmuckeinband aus Kalbsleder
auf Pappdeckeln mit reichen Vergoldungen, der wahrscheinlich bald
nach dem Erscheinen der Übersetzung entstand. Die Säulen des
Herkules mit Amphoren und Löwenköpfen lassen keinen Zweifel:
Hier geht es um Weltwissen. Die Übersetzung erschien 1556 in Lyon
und gelangte um 1650 in die »Bibliotheca Augusta«.

ses Fürsten eine Bedeutung erlangt, die nur staunenswert genannt werden könne; die Bibliothek sei (3.) aus eigenen, ehrlich erworbenen Mitteln aufgebaut worden – und gehe nicht (wie in so vielen anderen Fällen) auf Raub zurück; auch der Sammelfleiß früherer Generationen habe nicht zu ihrer Bedeutung beigetragen; die Bibliothek beherberge (4.) mehr Bücher als jede andere Bibliothek in Geschichte und Gegenwart; und sie beherberge (5.) noch dazu Bücher, die auch qualitativ über jeden Zweifel erhaben seien; lediglich ihr Handschriftenbestand lasse im europäischen Vergleich zu wünschen übrig; die Bibliothek sei (6.) vorbildlich aufgestellt: bequem nutzbar und ästhetisch ansprechend, und (7.) schließlich auch räumlich klug konzipiert, bis hin zu ihrer sicheren Lage in der Festung Wolfenbüttel. Ganz davon abgesehen, dass am dortigen Hof Männer mit wissenschaftlichen Interessen zu finden seien, allen voran der Fürst selbst, ja, dass sogar in der Stadt mancher potentielle Nutzer vermutet werden dürfe. Gewiss, das ist barockes Fürstenlob, das den Gelobten im unmittelbaren Hintergrund weiß – gerade als Fürstenlob aber ist es durchaus aufschlussreich, weil es Plan und Nutzen gar nicht im Blick hat. In anderen Worten: Wir müssen die »Bibliotheca Augusta« als Sammlungs- und Wissensraum verstehen lernen, der nicht mehr der unsere ist. Das aber heißt auch: Wir müssen immer wieder nach den Bedeutungszusammenhängen fragen, die er geschaffen hat und die er im Grunde immer noch schafft. Auch sie sind nicht mehr die unseren. Aber wie uns der Neubibliothekar Gotthold Ephraim Lessing in seiner Ankündigung des Berengar-Manuskripts vor Augen geführt hat: Es sind genau diese Zusammenhänge, die Bibliotheksgeschichte als Wissensgeschichte konstituieren – und die es erlauben, das »innere Leben« einer Büchersammlung immer wieder neu zu entdecken.

Das lange 18. Jahrhundert

Als Gotthold Ephraim Lessing sein Amt als Bibliothekar des herzoglichen Bücherhauses in Wolfenbüttel antrat, wusste er sehr genau, dass sein neuer Wohnort weit davon entfernt war, Berlin oder Hamburg zu sein. Ja, in einem Brief, den er am 7. Mai 1770, dem Tag seines Amtsantritts, an den Schriftsteller und Übersetzer Johann Arnold Ebert in Braunschweig schrieb, stößt man sogar auf den Satz, dass es üblich sei, sich zu verabschieden, wenn man sterbe »oder von Braunschweig nach Wolfenbüttel reise«. Wolfenbüttel, das hieß Provinz und das hieß noch dazu Provinz ohne Hof, der seit 1754 wieder in Braunschweig residierte. Andererseits: Wolfenbüttel, das hieß auch Bibliothek – und für Lessing im Grunde ausschließlich Bibliothek. Zehn Tage nach seinem Amtsantritt schrieb der neue Bibliothekar an den aufgeklärten Berliner Freund, Buchhändler und Schriftsteller Friedrich Nicolai: »Gott sei Dank, daß ich nun anfange, wieder in Ordnung zu kommen. Ich habe die Bibliothek übernommen, und die ersten vierzehn Tage, meiner bloßen Neugierde gewidmet, gehen auch zu Ende. … Ich habe alle Gründe zu hoffen, daß ich hier recht glücklich leben werde.« Weitere zehn Tage später ließ er seinen Vater wissen: »Das allerbeste aber dabei ist die Bibliothek, die Ihnen schon dem Ruhme nach bekannt sein muß, die ich aber noch weit vortrefflicher gefunden habe, als ich mir sie jemals eingebildet hätte. … Eigentliche

Amtsgeschäfte habe ich dabei keine andere, als die ich mir selbst machen will. Ich darf mich rühmen, daß der Erbprinz mehr darauf gesehen, daß ich die Bibliothek, als daß die Bibliothek mich nutzen soll. Gewiß werde ich beides zu verbinden suchen: oder eigentlich zu reden, folget schon eines aus dem andern.«

Wie aber sah die Bibliothek aus, die Lessing nutzen sollte und nutzen wollte? War sie noch das Bücherhaus, das Herzog August der Jüngere einst geschaffen hatte? Wir können Lessing zustimmen: Ihr Ruhm war ungebrochen – allerdings: An Veränderungen fehlte es nicht. Die augenfälligste dieser Veränderungen war ohne Frage, dass die Handschriften und Bücher ein neues Gebäude erhalten hatten, die sogenannte »Rotunde«. Kein Geringerer als der Universalgelehrte Gottfried Wilhelm Leibniz, der die Bibliothek von 1691 bis zu seinem Tod 1716 leitete, trieb den Neubau voran und begleitete ihn allem Anschein nach auch konzeptionell. Bauherr war Herzog Anton Ulrich von Braunschweig und Lüneburg, ein Sohn Herzog Augusts, der das Fürstentum Wolfenbüttel seit 1704 regierte und der vor allem als Opernfreund, Romanautor und Sammler von Gemälden in Erinnerung geblieben ist. An der Stelle des alten Marstalls zwischen 1705 und 1710 von Hermann Korb errichtet, war der viergeschossige Fachwerkbau mit einer Grundfläche von fast 40 mal 30 Metern das erste freistehende profane Bibliotheksgebäude der europäischen Neuzeit. Als Vorbild des neuen Gebäudes darf Palladios Villa Rotonda bei Vicenza vermutet werden; möglicherweise kannte der welfische Landbaumeister aber auch Christopher Wrens ersten Entwurf für die Bibliothek des Trinity College in Cambridge, der nie verwirklicht wurde. Hauptbaukörper der neuen Bibliothek war ein Kubus, der eine ovale Rotunde aus zwölf quadratischen Säulen umfasste. Hinter den Säulen waren im Saal und in der darüber liegenden Galerie Regale für die »Bibliotheca Augusta« aufgestellt. In den Räumen, die um die Rotunde lagen, befanden sich diverse Sammlungen, darunter die Handschriften. Im dritten Stockwerk durchstieß die Rotunde das Dachgeschoss des Kubus, um in einer Kuppel zu münden, die aus 24 Rundbogenfenstern bestand. Das aber hieß: Das neue Bibliotheksgebäude bot, was zu seiner Zeit keineswegs selbstverständlich war – und immer wieder gerühmt wurde: Tageslicht! Man kann es auch so sagen: In der »Rotunde« fanden bibliothekarische Arbeitsinteressen und herrschaftliche Repräsentationsbedürfnisse in ganz anderer Weise zusammen als noch im Marstall. Hinzu kam ein »Globe celeste«, ein Himmelsglobus, der die Kuppel krönte, um der »Universitas litterarum« Ausdruck zu verleihen, der allerdings schon bald aus statischen Gründen wieder entfernt wurde. Am Rande nur: Wieder waren auch Pferde im Spiel und wieder waren sie im Erdgeschoss untergebracht – was der Frankfurter Patrizier Zacharias Konrad von Uffenbach, der die Bibliothek zur Jahreswende 1709/1710 besuchte, in seinem Reisebericht durchaus süffisant als überkommene höfische Praxis kritisierte. Der größte Nachteil des neuen Bibliotheksgebäudes war allerdings, dass es nicht geheizt werden konnte. Immer wieder wurde darüber geklagt, dass im Winter die Tinte in den Fässern gefror. Als Leibniz darum bat, wenigstens einen Raum heizen zu dürfen, lehnte der Herzog nachdrücklich ab: Das Risiko eines Brandes sei zu groß. Lessing neigte auch wegen der Kälte in der Bibliothek dazu, Handschriften und Bücher im heutigen »Lessinghaus« zu lesen, einem Hofbeamtenhaus, das er seit 1777 bewohnte: nicht einmal einen Steinwurf von der Bibliothek entfernt. 1887 musste die »Rotunde« wegen Baufälligkeit abgerissen werden.

Eine weitere Veränderung war weniger augenfällig, aus wissens- und wissenschaftshistorischer Perspektive aber ebenso notwendig wie wegweisend: die Transformation des Akzessionskatalogs in einen Verfasserkatalog, der alphabetisch geordnet war. Denn nicht nur, dass damit die Benutzung der Bibliothek auf eine neue Grundlage gestellt wurde; die Transformation gehörte auch zu jenen Schritten, die dazu beitrugen, aus der Bibliothek als Wissensspeicher eine Bibliothek als Wissenswerkstatt zu machen, um mit dem Historiker Helmut Zedelmaier zu sprechen. Was aber heißt das genau? Herzog August hatte bereits 1611 in Hitzacker damit begonnen, ein Verzeichnis anzulegen, das seine Bücher mehr oder weniger alphabetisch nach den Autoren in 23 Buchstaben-Rubriken (von A bis Z) mit je fortlaufenden Nummern auflistete, ohne dass allerdings die Nummern in die Bücher eingetragen worden wären: ein Bestandsverzeichnis also, das nichts (oder doch nur wenig) über die Aufstellung der Bücher verriet und schließlich aufgrund des schnellen Wachstums der Sammlung als Akzessions- bzw. Zugangsverzeichnis endete. Wenn der Herzog auf dem Vorsatzblatt die Lust beschwor, im Bücherwald zu jagen, dann wohl auch deshalb, weil er zumindest seinen Bücherwald noch immer so gut kannte, dass er in den Regalen fand, wonach er suchte.

26 Die Radierung des Braunschweiger Kupferstechers Johann Georg
Beck (nach einer Zeichnung von J. A. Arstenius) zeigt die »Rotunde«
1711 kurz nach ihrer Fertigstellung von Süden. Gut erkennbar ist
der Himmelsglobus, der auf einem Kupferstich in Jacob Burckhards
1744 erschienenem ersten Band der »Historia Bibliothecae Augustae«
bereits fehlt – wie auch auf einem Kupferstich des Bibliotheksprofils
von Becks Sohn Anton August aus dem Jahr 1766. Der Kupferstich
hat den Globus durch einen Kreis mit Inschrift ersetzt: »Globe celeste
qui autrefois y étoit placé, mais qu'on a été obligé d'oter puisque le
bâtiment en étoit trop chargé.« Wir wissen aus einem zeitgenössi-
schen »Museumsführer«, dass der Globus 1727 die »Rotunde« noch
krönte.

27 Das Ölbild »Das Innere der alten Bibliothek in Wolfenbüttel«
des Braunschweiger Malers Andreas Christian Ludwig Tacke entstand ein Jahr nach dem Abriss der »Rotunde«. Ein weiteres im
selben Jahr entstandenes Ölbild zeigt die »Rotunde« von Süden
und einen Teil des »Lessinghauses«. Beide Bilder hängen heute im
»Lessinghaus«.

1625 entschied der Herzog, ein neues Verzeichnis anzulegen, das er »catalogus librorum« oder auch »catalogus titulorum« nannte – und das bereits zu Lebzeiten des bibliophilen Fürsten »Bücherradkatalog« genannt wurde, weil es zur ständigen Benutzung und Bearbeitung seinen Platz auf einem Bücherrad fand: am Ende, lange nach dem Tod des Herzogs sechs stattliche Bände. Wo auch immer das Bücherrad einst stand, heute ist das Lesemöbel in der Großen Halle der Herzog August Bibliothek zu besichtigen – auf seinen Pulten: die sechs Bände als Faksimiles. Das Verzeichnis umfasst alles in allem 7121 Seiten, deren Zählung jeweils über die Bandgrenzen hinaus fortgeführt wurde. Die Hälfte der Seiten füllte der Herzog selbst, bis er nach der Jahrhundertmitte die Arbeit weitgehend an Sekretäre delegieren musste, um seinen zunehmenden Regierungsgeschäften nachkommen zu können. Die ersten 1531 Seiten führen die Bücher nacheinander in der Reihenfolge auf, in der sie in den Regalen standen. Da die Bücher in den Regalen nach Sachgruppen aufgestellt waren, entstand auf diese Weise ein thematisch geordneter »Standortkatalog«, der zugleich ein Bestandsverzeichnis war. Die Sachgruppen, deren Bezeichnungen auf den Natursteinplatten der Fassaden des 2015 fertiggestellten sogenannten Neuen Magazins der Herzog August Bibliothek sichtbar sind, gehen auf den Herzog selbst zurück. Es sind in dieser Reihenfolge: die Theologica – die »Libri theologici« bildeten die größte Gruppe –, die Juridica, Historica, Bellica, Politica, Oeconomica, Ethica, Medica, Geographica, Astronomica, Musica, Physica, Geometrica, Arithmetica, Poetica, Logica, Rhetorica, Grammatica, Quodlibetica und die Manuscripta. Die

Listung der Bücher nach ihrem Regalplatz bedeutete auch, dass sie innerhalb der Sachgruppen konsequent nach Größe angeordnet wurden, was nicht zuletzt in den Signaturen zum Ausdruck kommt, die neben der Sachgruppenbezeichnung mit fortlaufender Nummer innerhalb der jeweiligen Rubrik immer auch die Formatangabe umfassen – und genau so auch auf den Rücken der Bände selbst erscheinen. Nebenbei bemerkt: Auch hier können wir in vielen Fällen die Handschrift des Herzogs selbst erkennen. Als die Bestandsaufnahme 1627 abgeschlossen war, bildete dieser Teil den ersten Katalogband.

Die folgenden fünf Bände verzeichnen die Bücher wieder nach Eingang, allerdings selten zeitnah, was angesichts der zunehmenden Zahl von Neuerwerbungen kaum verwundert. So endet der sechste Band, der erst nach 1719 abgeschlossen werden konnte, mit der Verzeichnung der letzten noch von Herzog August selbst erworbenen Schriften im Jahr 1667. Das aber heißt: Der sogenannte »Bücherradkatalog« mutierte nach Abschluss des ersten Bandes wieder zum Akzessionsverzeichnis, was eine Reihe von Problemen aufwarf. Um nur eines zu nennen: Da fortlaufend nach Eingang verzeichnet wurde, musste ständig von Rubrik zu Rubrik gesprungen werden, was es notwendig erscheinen ließ, zusätzlich zu den Signaturen Verweise auf die Fortsetzung der rubrikinternen Zählung nachzutragen. Da auf fast allen Seiten mehrere Rubriken zu bedienen waren, blieb dem Herzog nichts anderes übrig, als den Kolumnentitel »Libri Varii« einzuführen. Hinzu kam, dass zum Ausgleich von Eingangs- und Verzeichnungsgeschwindigkeit – hinzuweisen ist dabei nicht zuletzt auch auf die Zeit, die das Binden in Anspruch nahm – Supplementbände angelegt werden mussten. Ganz zu schweigen von einer zusätzlichen Liste vergebener Signaturen und einem vergleichsweise eilig hergestellten Verfasserindex, der höchst lückenhaft blieb und eine unzureichende Verweisstruktur aufwies. Vor allem aber: Die Rubriken-Ordnung selbst entbehrte jener berechenbaren thematischen Strenge, die das Verzeichnis zu einem Sachkatalog hätte werden lassen können, was auch an den vielen heterogenen Sammelbänden lag, potenzierten sie doch den ohnehin hypertrophen herzoglichen Hang zu Kreuz- und Querverweisen. Der Bibliothekar Lorenz Hertel, der noch von Leibniz eingesetzt worden war, brachte es 1731 auf den Punkt: »Warum nun diese Ordnung von dem Hochsel. Augusto beliebet worden, finde ich keine Nachricht.« Mancher Nutzer (um nur den bereits erwähnten Zacharias Konrad von Uffenbach zu nennen) hätte ihm nachdrücklich zugestimmt. Man kann es allerdings auch freundlicher sagen: Die Dynamik des Wachstums der Bibliothek überforderte die »Katalogisierung« und ließ ein »Monument« zurück, das einen privilegierten Leser als Wanderer in Bedeutungs-, Wissens- und Sinnwäldern im Blick hatte, nicht aber eine gelehrte Gemeinschaft von Nutzerinnen und Nutzern und eine nicht-gelehrte schon gar nicht. Im Grunde war es nur konsequent, dass der Herzog alle Anfragen, seinen Katalog drucken zu lassen, nachdrücklich ablehnte. Arbeit am »Bücherradkatalog«, das war Arbeit im Geheimen und am Geheimen, das war Arbeit an einem Manuskript, das eine Verweispraxis, ja, eine Verweiskultur dokumentiert, die ohne Frage ihresgleichen suchte, die es aber nicht erlaubte, einen (einigermaßen) geraden Weg vom Katalog ins Regal zu finden. Der bereits an anderer Stelle erwähnte Bibliothekar und Philosoph Ulrich Johannes Schneider hat in diesem Zusammenhang einmal von »einer beinahe unendlichen Zersplitterung von Sinn« gesprochen.

All diese Probleme waren Gottfried Wilhelm Leibniz durchaus bekannt, als er gleich nach seinem Amtsantritt 1691 einen neuen Katalog anlegen ließ, den sogenannten »Leibniz-Katalog«. Der »Leibniz-Katalog« ist ein konsequent nach Verfassern geordnetes Kurztitelverzeichnis in acht Bänden, das auf den Einträgen des »Bücherradkatalogs« beruht, wobei jeder Kurztitel nicht nur die alte herzogliche Signatur nennt, sondern auch die Seite mit dem vollständigen Titel im »Bücherradkatalog« anzeigt. 1699 abgeschlossen, war der »Leibniz-Katalog« bis zur Erstellung eines Zettelkatalogs mit Titelblattkopien im späteren 20. Jahrhundert der Schlüssel zur »Bibliotheca Augusta«. Ja, angesichts der partiellen Unvollständigkeit des Titelblattkatalogs und der daraus gewonnenen OPAC-Einträge kann er noch heute nützliche Dienste leisten. Die sporadische Aufnahme von sogenannten »loci communes«, worunter Leibniz Bezeichnungen verstand, die auf die »rationale« Kondensation von (Bücher-)Wissen zurückgehen, legt die Vermutung nahe, dass der Gelehrte auch an einen Sachkatalog ganz neuen Typs für die herzogliche Sammlung in Wolfenbüttel dachte. Hinzu kamen diverse parallel zur eigentlichen Katalogarbeit verlaufende Auszeichnungs- und Ordnungsexperimente. Doch wie auch immer: Man muss dem gern gepflegten Geniekult um Leibniz nicht folgen, um festzuhalten, dass in Wolfenbüttel ein Katalog entstanden war, den damals keine Bibliothek der Welt besaß, nicht die in Wien, nicht die in Rom. Mehr noch: Indem der »Leibniz-Katalog« den Verfassernamen zur regierenden Ordnungsinstanz erhob, etablierte er ein neues und ungemein nachhaltiges Prinzip: das der individuellen Autorschaft. Aus dem Titel einer Schrift war das Werk eines Verfassers geworden.

Wer nach der Entwicklung des Bücherhauses in Wolfenbüttel nach dem Tod Herzog Augusts fragt, wird angesichts der unermüdlichen Arbeit an einem allgemein nutzbaren – und nützlichen – Katalog noch eine andere Veränderung erwähnen: die verbesserte Zugänglichkeit der Bibliothek. Noch im Jahr seines Amtsantritts 1666 bestimmte der Nachfolger des Bücherfürsten, sein ältester Sohn Rudolf August, dass die Bibliothek Gelehrten wie Reisenden täglich vormittags wie nachmittags »nach Gelegenheit« der Jahreszeit offenstehen solle: bei freiem Eintritt. Ein Jahr später wurde das erste Verzeichnis für Besucherinnen und Besucher angelegt. Die zunächst »Fremdenbücher«, dann »Besucherbücher« genannten Register, die zu den ältesten durchgängig geführten ihrer Art gehören, lagen im Trend der Zeit – und dienten in erster Linie der Kontrolle. Der 38. Band liegt seit Frühjahr 2021 aus. Fragt man nach den Hintergründen für diese Erfassungspraxis, so ist vor allem darauf hinzuweisen, dass der Hochadel seit Mitte des 17. Jahrhunderts allerorten in Europa seine Schlösser (und Sammlungen) für interessierte, nicht zuletzt auch bürgerliche Reisende öffnete, was allerdings nicht als Bildungsangebot zu verstehen ist, sondern in aller Regel als Macht- und Prachtdemonstration. Gleich-

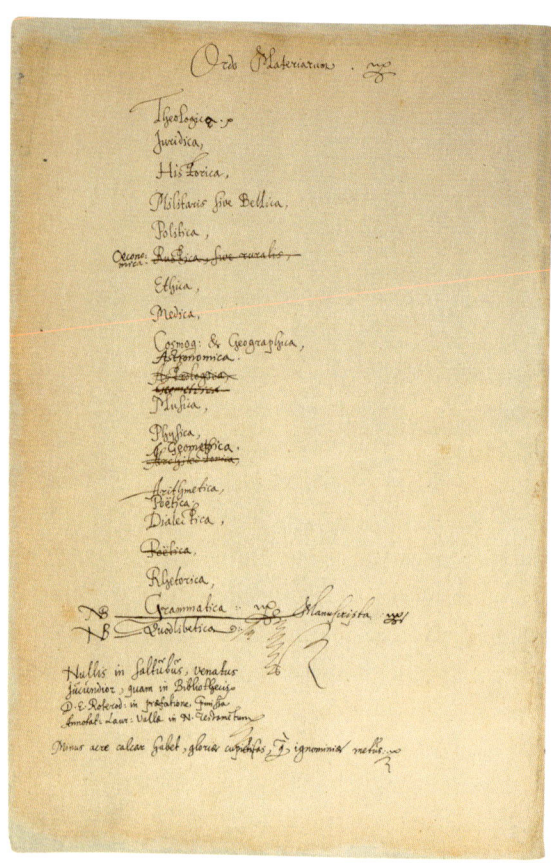

28 Die Abbildung zeigt das Vorsatzblatt des Katalogs, den Herzog
August zwischen 1611 und 1625 anlegte. Der lateinische, auf Erasmus
von Rotterdam zurückgehende Sinnspruch über die Jagd im Bücher-
wald ist unten erkennbar, darüber eine eigenhändige Auflistung der
Sachgruppen – »Ordo Materiarum« –, nach denen die Bücher in
Hitzacker und später in Wolfenbüttel aufgestellt waren.

29 Das Bücherrad, das wir heute in der Großen Halle der Herzog August Bibliothek betrachten können, ist mit einiger Sicherheit eigens für den Herzog hergestellt worden, entsprechen doch die Breitenmaße der sechs Arbeitsböden genau jenem Platz, den ein zu verzeichnender Band im Folio-Format und ein danebenliegender Katalogband benötigen. Das Bücherrad war, in anderen Worten, Instrument der Katalogisierung. Die sechs Böden werden durch ein sogenanntes Planetengetriebe während der Drehung des Rades im selben Winkel gehalten.

30 Die ersten 1531 Seiten des »Bücherradkatalogs« führen die Bücher
nach Sachgruppen getrennt in der Reihenfolge auf, in der sie in den
Regalen standen. Diese Bestandsaufnahme als »Standortkatalog«
war 1627 abgeschlossen. Die Abbildung zeigt die Seite 1186, die drei
Titel der Sachgruppe »Libri quodlibetici« aufführt. Die Handschrift
ist die des Herzogs.

31 Die Abbildung zeigt die Seite 133 des »Leibniz-Katalogs«, die mit den Kurztiteln der Werke des französischen Philosophen René Descartes einsetzt. Gut erkennbar ist, dass jeder Kurztitel nicht nur die alte herzogliche Signatur nennt, sondern auch die Seite mit dem vollständigen Titel im »Bücherradkatalog« anzeigt.

zeitig mit den Besucherbüchern wurden in Wolfenbüttel auch Ausleihbücher angelegt, die allerdings bis ins 19. Jahrhundert überwiegend Personen ausweisen, die dem herzoglichen Hof angehörten oder ihm nahestanden, wie jenen Anton Wilhelm Amo, der als sogenannter »Kammermohr« der braunschweigischen Herzöge am 4. November 1723 Albrecht Dürers Proportionslehre auslieh – und einige Jahre später an der Universität Halle eine beachtliche Karriere als Philosoph machte. Angesichts des Ruhmes der Bibliothek wird niemand überrascht sein, dass sich die Fremden- bzw. Besucherbücher schneller füllten als die Ausleihbücher. So weist zum Beispiel das Besucherbuch für die Jahre zwischen 1667 und 1704 stattliche 5518 Personen aus, das Ausleihbuch für die Jahre zwischen 1664 und 1713 dagegen »nur« 933. Allerdings: Nicht jeder trug sich ein. Einen Eintrag von Giacomo Casanova etwa, der die Bibliothek nachweislich im Mai 1764 besuchte, um Handschriften zu studieren, sucht man (bedauerlicherweise) vergebens. Was auffällt, ist die große soziale Bandbreite der Besucherinnen und Besucher, die vom hohen Adel über das gediegene und gelehrte Bürgertum bis hin zum kleinen Handwerk reichte. Eine Bandbreite, die nicht zuletzt darin zum Ausdruck kommt, dass einige Signaturen deutlich mehr Raum beanspruchen als andere. Angesichts des Ruhmes der Bibliothek ist auch die große geographische und nationale Heterogenität der Besucherinnen und Besucher nicht verwunderlich, wozu u. a. die Personalunion zwischen Großbritannien und Hannover beitrug. So reiste nicht zuletzt mancher englische Student nach Wolfenbüttel, der an der Universität Göttingen eingeschrieben war. Das aber hieß auch: Es galt, Führungen anzubieten, die allem Anschein nach bereits Herzog Julius im ausgehenden 16. Jahrhundert für seine Büchersammlung vorgesehen hatte – die aber erst seit Herzog Anton Ulrich zu den Pflichten des Bibliothekspersonals gehörten und bis heute gehören. Verständigungsprobleme (und wechselseitige Meckereien) inbegriffen, wie wir u. a. aus Reiseberichten wissen. Auch Lessing konnte davon ein Lied singen.

So unterschiedlich die Herkunft der Besucherinnen und Besucher war, so unterschiedlich waren die Gründe für ihren Besuch. Viele, wenn nicht die meisten kamen, um wissenschaftlich zu arbeiten, etwa Professoren und Studenten der Universitäten Helmstedt und Göttingen oder des Collegium Carolinum im benachbarten Braunschweig. Aber es kamen auch Gelehrte von weit her. Andere, etwa Diplomaten, folgten mit ihrem Besuch in erster Linie einer höfisch-politischen Pflicht. Dieser Programmpunkt war schlicht und einfach elogisch abzuarbeiten, um den Repräsentationsbedürfnissen des herzoglichen Hofes Genüge zu tun. Wieder andere wollten vor allem die Berühmtheit Lessing sehen – oder wie Moses Mendelssohn den alten Freund aus Berliner Tagen treffen. Wieder andere scheinen die Bücher und Handschriften mehr oder weniger in Kauf genommen zu haben, um ganz andere Schaustücke in den Blick nehmen zu können: wie die Globen aus der Amsterdamer Werkstatt der Kartographen-Familie Blaeu – oder wie jenes berühmte Tintenfass, mit dem Martin Luther auf der Wartburg nach dem Teufel geworfen haben soll. Auch die Luther-Ausstellung der Herzog August Bibliothek im Jubiläumsjahr 2017 konnte mit diesem Pfund wuchern und dabei zugleich darauf aufmerksam machen, dass kein Ort der Welt mehr Lutherschriften vorhält, die zu Lebzeiten des Reformators gedruckt wurden. Wieder andere lassen keine Rückschlüsse auf ihre Besuchsabsichten zu. Ja, in vielen Fällen kennen wir nicht einmal den Namen bzw. den vollständigen Namen der Besucherinnen und Besucher. So können Frauen oft nur vermutet werden, zum Beispiel als Teil einer Ausflugs- bzw. Reisegruppe; gelegentlich finden sie als »Gattinnen« Erwähnung, gelegentlich als namenlose Verwandte, Freundinnen oder Bekannte einer Familie.

Wer nach der Entwicklung des Bücherhauses in Wolfenbüttel nach dem Tod Herzog Augusts fragt, darf eine weitere Veränderung nicht außer Acht lassen: Die Bibliothek war gewachsen und wuchs weiter. Obwohl sie über keinen nennenswerten regulären Anschaffungsetat verfügte, gelangen ihr doch immer wieder spektakuläre Erwerbungen. Allen voran 1689 der Kauf der bereits erwähnten Handschriften des Benediktinerklosters Weißenburg im Elsass, der »Codices Weissenburgenses«, die in ihrer Mehrzahl aus dem 9. Jahrhundert stammen. Aber auch 1710 der Kauf der Handschriftensammlung aus dem Nachlass des Philologen, Bibliothekars, Epigraphikers und unermüdlichen Sammlers Marquard Gude, der »Codices Gudiani«: allein 365 Manuskripte aus dem Mittelalter, wie die Abschrift des berühmten »Liber Floridus« Lamberts von Saint-Omer aus der zweiten Hälfte des 12. Jahrhunderts. Ein komplizierter Kauf, der vor allem Leibniz zu verdanken ist, dem es gelang, Herzog Anton Ulrich von der Anschaffung zu überzeugen. Am Rande nur: Die Benutzerbücher lassen erkennen, dass Handschriften aus

32 Am 7. Mai 1727 besuchten zwei Reisende die herzogliche Bibliothek in Wolfenbüttel, die einiges Aufsehen erregt haben dürften. Es handelt sich nachweislich um Schidīd bin Sayf Ḥobaysch, einen maronitischen Prinzen vom Berg Libanon, und seinen ebenfalls maronitischen Begleiter ʿAsār, der für den Prinzen übersetzte. Die beiden waren vor ihrer Ankunft in Wolfenbüttel bereits an verschiedenen anderen deutschen und europäischen Höfen gewesen, um auf die schwierige Situation der Maroniten unter osmanischer Herrschaft aufmerksam zu machen. Die Maroniten bilden bis heute die größte christliche Kirche im Libanon. Der Eintrag im Besucherbuch nennt Namen und Herkunft der beiden in Arabisch, Italienisch und Arabisch in westsyrischer Schrift, der sogenannten Ṣerto.

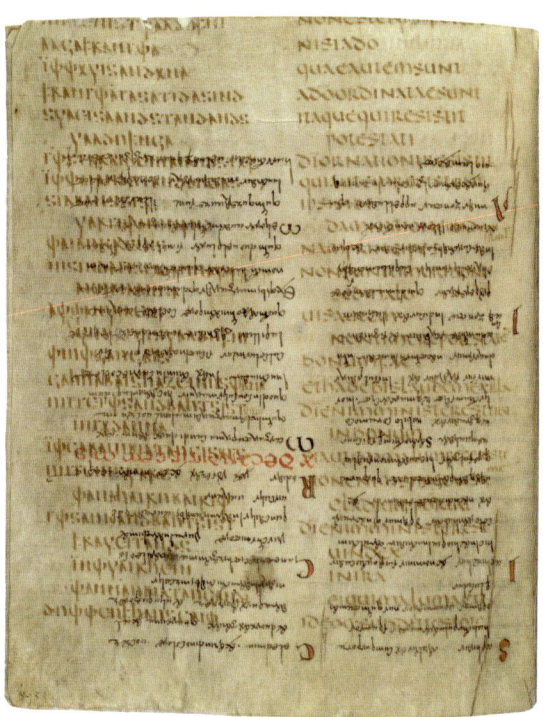

33 Eine der »Weißenburger« Handschriften enthält auch die weit-
verbreiteten und vielgelesenen »Etymologien« des spanischen Bischofs
Isidor von Sevilla, der 636 starb. Das Besondere dieser Handschrift
sind die sogenannten Ulfilas-Fragmente, die 1755 unter dem Text
entdeckt wurden: Teile des Römerbriefes einer gotisch-lateinischen
Handschrift vom Ende des 5. Jahrhunderts. Der Gotenbischof Ulfilas
hatte im 4. Jahrhundert eine eigene Schrift für das Gotische entwickelt. Die Abbildung zeigt den Beginn des 13. Kapitels des Römerbriefes (Bl. 256ʳ). Die in Norditalien entstandene Handschrift bietet
links den gotischen und rechts den lateinischen Text.

34 Die Abschrift des »Liber Floridus« – das Autograph dieser einzigartigen mittelalterlichen Enzyklopädie befindet sich in der Genter Universitätsbibliothek – gehört seit ihrem Kauf 1710 zu den Zimelien der Wolfenbütteler Handschriftensammlung. Die Abbildung zeigt, wie der Teufel auf dem biblischen Ungeheuer Behemoth reitet: »Diabolus sedens super beemoth«. Die Beischrift identifiziert Behemoth mit dem Antichristen (Bl. 41ᵛ).

dieser Sammlung im 18. und 19. Jahrhundert häufiger nach-gefragt wurden als die Bestände Herzog Augusts.

Hinzu kamen Sammlungen, die im fürstlichen Umfeld der »großen Bibliothek« entstanden waren – und die nach dem Tod der Sammlerinnen und Sammler früher oder später in ihr aufgingen. So zum Beispiel die Bibliothek des Thea-terliebhabers Herzog Ludwig Rudolf, der als jüngster Sohn Anton Ulrichs viele Jahre in Blankenburg am Harz residier-te. Als Ludwig Rudolf 1735 starb, verblieb die bedeutende Sammlung noch über 15 Jahre in Blankenburg, bevor sie nach Wolfenbüttel gebracht wurde, um schließlich auf der Innen-seite der oberen Galerie der »Rotunde« ihren Platz zu finden: über 10 000 Bände. So immer wieder auch Bibliotheken von Fürstinnen, deren Beitrag zur Sammlungspraxis und Samm-lungskultur des Hofes, aber auch zum Sammlungsprofil der Bibliothek kaum zu überschätzen ist. Obwohl viele dieser Frauen hochgebildet (wenn nicht gelehrt) und kulturell ein-flussreich waren, was sie nicht zuletzt ihren beeindrucken-den Fähigkeiten zur intellektuellen Selbstbildung jenseits der einschlägigen Institutionen verdankten, wissen wir immer noch viel zu wenig über sie. Vor allem als Sammlerinnen. Um nur ein Beispiel zu nennen: Elisabeth Sophie Marie war die dritte Frau Herzog August Wilhelms, der wie sein Bruder Ludwig Rudolf dem Theater zuneigte. Als August Wilhelm 1731 starb, begann sie, Bibeln zu sammeln, die u. a. über Auk-tionen in ganz Deutschland und Europa erworben wurden. Obwohl sie strenge, demonstrativ strenge Lutheranerin war, die auch kämpferische religiöse Schriften verfasste, zeugt ihre Sammlung von einer durchaus bemerkenswerten inter- und transkulturellen Offenheit, bis hin zu arabischen, türkischen und tamilischen Ausgaben, wenn auch Übersetzungen der Lutherbibel im Mittelpunkt standen. 1765, zwei Jahre vor ihrem Tod, ließ sie die schon damals berühmte Sammlung – über 1100 Bibeln – von Braunschweig nach Wolfenbüttel bringen, wo sie mit den Bibeln von Herzog August vereint wurde. Die Historikerin Ulrike Gleixner hat Frauen wie Elisabeth Sophie Marie als »Weltensammlerinnen« bezeichnet – und in der Tat: Viele Bibliotheken von Fürstinnen, die nach und nach in das herzogliche Bücherhaus eingingen, weisen kosmopolitische Sammlungsprofile auf und lassen zugleich erkennen, wie eng (und nachhaltig) die Sammlerinnen auch international vernetzt waren. Wer etwa nach frühneuzeitlichen europäischen Reiseberichten aus China, Japan oder Indien sucht, aus den Amerikas oder aus dem Osmanischen Reich, wird in diesen Bibliotheken in aller Regel fündig. Gleichzeitig ist zu beobachten, wie die höfische Kommunikations- und Repräsentationskultur, die das Lesen, Schreiben und Sammeln der Fürstinnen hervorbrachte, erheblich dazu beitrug, eine dynastische Identität über längere Zeiträume hinweg sicherzustellen. In der Bibliothek Antoinette Amalies, der jüngsten Tochter Ludwig Rudolfs, sind Bücher aus fünf aufeinanderfolgenden Generationen nachweisbar, darunter das Schachbuch ihres Urgroßvaters August und die »Römische Octavia« ihres Großvaters Anton Ulrich. Hinzu kommt, dass über fürstliche Heiraten auch Sammlungen nach Wolfenbüttel gelangten, die andernorts entstanden waren. Bücher, das hieß in solchen Fällen immer auch höfischer Kulturtransfer. Ganz zu schweigen von den Gelehrtenbibliotheken, die aus Braunschweig, Göttingen und Helmstedt ihren Weg nach Wolfenbüttel fanden.

Kein Wunder: Angesichts der immer neuen Sammlungen konnten Klagen nicht ausbleiben, dass all diese Zuwächse kaum noch zu integrieren bzw. kaum noch zu katalogisieren seien; ganz davon abgesehen, dass eine sinnvolle systematische Aufstellung der Bücher immer schwieriger wurde. Auch davon wusste Lessing ein Lied zu singen. Obwohl seit Herzog August immer wieder moniert wurde, dass die finanzielle Ausstattung der Bibliothek unzureichend sei und dass es vor allem an Personal fehle, konnte nicht einmal der einfalls- und einflussreiche Leibniz Abhilfe schaffen, von Lessing und anderen ganz zu schweigen. Als 1823 Friedrich Adolf Ebert die Leitung der Bibliothek übernahm, hielt er wenig erfreut seine künftigen Aufgaben fest: »Verschmelzung der einzeln aufgestellten Bibliotheken zu einer einzigen, Verschmelzung der Handschriften, Neukatalogisierung der gedruckten Bücher (alphabetischer Hauptkatalog, Lokal- und Realkatalog), Handschriftenkatalogisierung, besondere Aufstellung der Hauptschätze und Pergamentdrucke, besonderes Verzeichnis der Inkunabeln und Ausscheidung und Katalogisierung der Dubletten.«

Die einschlägige Geschichtsschreibung hat das 18. Jahrhundert ausdauernd als Weiterführung der alten »augusteischen« Größe der Bibliothek mit den Hauptdarstellern Leibniz und Lessing in Szene gesetzt, ja, als Vollendung dieser Größe. Sie hat dabei allerdings in aller Regel außer Acht gelassen, dass die wissenstechnologische Orientierung an den Bedürfnissen der Nutzerinnen und Nutzer andernorts –

35 *Eine der Bibeln aus der Sammlung Elisabeth Sophie Maries ist die Übersetzung des Neuen Testaments von Martin Luther, das sogenannte »Septembertestament«. Es erschien am 20. September 1522. Die Abbildung zeigt einen der kolorierten Holzschnitte, die Lucas Cranach der Ältere für die Ausgabe geschaffen hatte: die Hure Babylon mit der Tiara auf dem siebenköpfigen Drachen der Offenbarung des Johannes (Apoc. 19).*

36 Auch dieses 1714 im südostindischen Tranquebar (heute
Tharangambadi) gedruckte erste lutherische Neue Testament in
Tamil stammt aus der Sammlung Elisabeth Sophie Maries. Es ist
ein indisch-europäisches Gemeinschaftswerk, das vor allem in
Europa als Ausweis einer prosperierenden protestantischen Indien-
mission gefeiert wurde. Als Elisabeth Sophie Marie die Bibel
erwarb, war sie bereits durch den Vorbesitzer aufwendig eingebun-
den worden.

37 Auch so konnte die Bibliothek wachsen: Als das kaiserliche Heer 1685 die osmanische Festung Neuhäusel (Nové Zámky) eroberte, brachte ein Offizier des Wolfenbütteler Regiments Bernstorff zwei Koranhandschriften in seinen Besitz, die heute zur Handschriftengruppe »Extravagantes« der Herzog August Bibliothek gehören (Eintrag rechts unten). Wie die beiden Handschriften in die Bibliothek gelangten, ist nicht mehr zu rekonstruieren. 1807 – zu Beginn der sogenannten »Braunschweiger Franzosenzeit« – mussten die Handschriften an die Kaiserliche Bibliothek in Paris abgegeben werden. 1815 kamen sie zurück – tragen aber bis heute einen Besitzstempel mit dem Kaiseradler Napoleons (links unten).

zum Beispiel in Göttingen – deutlich weiter fortgeschritten war. Nicht, dass an den Verdiensten eines Gottfried Wilhelm Leibniz um das herzogliche Bücherhaus in Wolfenbüttel zu zweifeln wäre. Das Verständnis von Bibliothek aber, an das Leibniz diese Verdienste band, muss durch und durch »barock« genannt werden. Bibliothek, das war für Leibniz in erster Linie Dienst am Fürstenstaat und dessen Stabilität. Bibliothek, daran ließ er nie einen Zweifel, war eine notwendige Voraussetzung für erfolgreiche Herrschaft, die allerdings auf das Gemeinwohl zu verpflichten sei. Es gehört in diesen Zusammenhang, dass der Gelehrte Bibliothek immer auch als Kunstkammer und Naturalienkabinett verstand.

Und Lessing? Lessing setzte ohne Frage andere Akzente. Seine – »aufgeklärte« – Anschaffungspolitik lässt das ebenso erkennen wie seine – nicht weniger »aufgeklärte« – Öffentlichkeitsarbeit. Allein die Zeitschrift *Zur Geschichte und Literatur. Aus den Schätzen der Herzoglichen Bibliothek zu Wolfenbüttel* führt in aller Deutlichkeit vor Augen, wie ernst er das Nützlichkeits- und Fortschrittsversprechen des Wissens nahm. Nur konsequent, dass sich die Zahl der Entleihungen in seinen Jahren in Wolfenbüttel auch im Vergleich durchaus sehen lassen kann. Andererseits: Je länger Lessing in Wolfenbüttel war, desto mehr klagte er über jene »trockene« Arbeit als Bibliothekar »ohne geringste Anstrengung des Geistes«, die ihn davon abhalte, als gelehrter Intellektueller in Erscheinung zu treten. Bibliothekarische Kärrnerarbeit war Lessings Sache nicht. Ganz davon abgesehen, dass er mit seiner Prominenz selbst dazu beitrug, eine Tendenz zu verstärken, die seit den Tagen Herzog Augusts nicht zu übersehen war: die Musealisierung der Bibliothek. Eine Tendenz, die im 19. Jahrhundert geradezu sakrale Züge annahm. Doch wie auch immer man die Bibliothek in Wolfenbüttel im langen 18. Jahrhundert taxiert: Sie blieb der Idee der gelehrten, der antiquarischen Sammlung verpflichtet. Eine Bibliothek, die ganz auf den allgemeinen Nutzen setzt, eine Bibliothek, die an ihrer Zugänglichkeit gemessen werden will, machte auch Lessing nicht aus ihr – und wollte es wohl auch nicht.

*38 Monumentale Unzugänglichkeit: Gesamtansicht der
»Bibliotheca Augusta«, Fotografie, um 1910.*

Eine schöne Bibliothek

Am 27. Mai 1971 schrieb der pensionierte Bibliotheksdirektor Erhart Kästner an seinen Nachfolger Paul Raabe: »Die Bibliothek ist strahlend geworden. Wirklich, es ist die schönste der Welt, daran ist nicht mehr zu zweifeln. Schon weil die anderen Bibliotheken gar nicht mehr wissen wollen, daß eine Bibliothek schön sein kann.« Der Schriftsteller – und Bibliothekar – Erhart Kästner war von 1950 bis 1968 Direktor des Bücherhauses in Wolfenbüttel, das seit 1927 »Herzog August-Bibliothek« heißt, damals noch mit Bindestrich. Kästner war der erste Direktor, der nach dem Ende der nationalsozialistischen Herrschaft sein Amt antrat. Was meinte Kästner, als er die Herzog August Bibliothek als »strahlend« und »schön« bezeichnete? Kästner ließ nie einen Zweifel daran, dass »seine« Bibliothek der Zukunft eine »Bibliotheca illustris« zu sein habe. In einem lange unveröffentlicht gebliebenen Text, den er im Juli 1968 Paul Raabe überreichte – »An meinen Nachfolger« –, heißt es, dass die Bibliothek in Wolfenbüttel »zu nichts verpflichtet sei außer zu sich selbst«; »zu sich selbst« aber heiße: zur »Bibliotheca illustris«, zur »schönen Bibliothek«. Was Kästner darunter verstand, lassen vor allem zwei seiner Anliegen und Erfolge erkennen: der Umbau der Bibliothek und die Begründung der Malerbuchsammlung.

Das Bibliotheksgebäude, das Kästner 1950 betrat, war jener durch und durch historische Bau, den wir immer noch betreten, so verändert er in seinem Inneren auch ist. Immer noch begrüßt er seine Gäste in vergoldeten Versalien über dem Haupteingang als »Bibliotheca Augusta«. 1887 eröffnet, war das neue Bücherhaus im Rücken der alten »Rotunde« entstanden, um sie zu ersetzen. Die »Rotunde« war baufällig geworden und widersprach zudem einem Zeitgeist monumentaler Unzugänglichkeit, der auch in vielen anderen wilhelminischen Bibliotheksneubauten zu fassen ist. Die Bibliothek von Leibniz und Lessing wurde im Jahr der Eröffnung des neuen Gebäudes abgerissen. Mit ihr verschwanden auch die Bücher: Sie wurden magaziniert – und damit unsichtbar. Gustav Milchsack, ein notorisch verdrießlicher Bibliothekar, vertraute gegen Ende des Jahres 1886 seinem Tagebuch an, dass der Direktor nicht recht wisse, was er Besuchern antworten solle, wenn sie fragten, welchem bibliothekarischen Zweck all die Prunkräume des neuen Hauses dienten: »Wilhelm Bode in Berlin habe nicht unrecht gehabt, daß der Hauptsaal sich wie eine elegantere Eisenbahnhalle ausnehme – derselbe sei ja sehr prächtig, nur in einer Bibliothek unverständlich.« Obwohl wir nicht wissen, ob Kästner dieses Urteil kannte, dürfen wir doch davon ausgehen, dass er es geteilt hätte. »Bibliotheca illustris«, das bedeutete für ihn, »die Bibliothek schaubar zu machen«, wie er in den Ratschlägen an seinen Nachfolger festhielt. Was aber verstand Kästner unter Schaubarkeit? Auch daran lassen seine Ratschläge keinen Zweifel: Schaubarkeit hieß für ihn Sichtbarkeit – die Sichtbarkeit der Bücher.

Die bauliche Wiederherstellung der Sichtbarkeit der Bücher begann zu Beginn der sechziger Jahre und war zu Beginn der siebziger abgeschlossen. Sie erfasste mehr oder weniger alle Räume des Gebäudes und fand ihren Höhepunkt im Umbau des »Hauptsaals«, in den schließlich gut 15 000 Bände der Sammlung Herzog Augusts des Jüngeren einzogen. Die Braunschweiger Architekturhistorikerin Karin Wilhelm hat diese »Sichtbarmachung« einmal mit Roland Barthes als »optische Überredung« zur »Lust am Text« bezeichnet und betont, dass es Kästner und seinem Architekten Friedrich Wilhelm Kraemer gelungen sei, die »Große Halle« als Raum erfahrbar zu machen, der Wege zum Wissen weise. Man kann es auch so sagen: In diesem Raum ist Buchgeschichte zur Sinnesgeschichte geworden, weil er spürbar macht, dass seine Bücher »Biographien« haben, ja, dass ihnen Welterfahrungen eingeschrieben sind – und zwar durchaus körperlich, jene des Dreißigjährigen Krieges zum Beispiel. Welterfahrungen, die allerdings nur sinnfällig werden können, wenn die räumliche Anordnung der Bücher Nähe und Ferne zugleich gewährleistet: das Angebot der Aneignung zum intellektuellen Spiel und jene Anmutung von Unantastbarkeit, ohne die eine »rare book library« nicht auskommt. Der Umbau verwandelte die »Große Halle«, die Wilhelm Bode einst »Eisenbahnhalle« genannt hatte, in einen magischen Ort der Wissenszirkulation, der seitdem »Augusteerhalle« genannt wird.

Was für den Umbau der Bibliothek galt, galt auch für die Begründung der Malerbuchsammlung: Maßstab war die »Bibliotheca illustris«. In den Ratschlägen an seinen Nachfolger hielt Kästner nachdrücklich fest: »Eine Bibliotheca illustris im Auge, habe ich es für richtig gehalten, ein Sammelgebiet

*39 Der Hauptsaal der »Bibliotheca Augusta«, nach Norden gesehen,
Fotografie, um 1910.*

40 Die »Augusteerhalle«, nach Norden gesehen, fotografiert von
dem Industrie- und Architekturfotografen Heinrich Heidersberger
im Juni 1966. Im Vordergrund sind der Tisch und die Stühle des
finnischen Architekten Eero Saarinen erkennbar, die dort noch heute
stehen. Links am Rand das Bücherrad.

zu pflegen, das sich nur wenige Bibliotheken gestatten: ich meine das große illustrierte Buch des 20. Jahrhunderts. Es ist besonders das französische Buch, und zwar deshalb, weil sich in Frankreich, leider nicht in Deutschland, die großen Künstler zum Buch hingezogen fühlen, mit Dichtern befreundet und an Dichtung leidenschaftlich interessiert sind. Ich wählte dieses Sammelgebiet, weil ich der Tradition dieser fürstlichen Sammlung, die ihren Reichtum der Bibliophilie … verdankt, die rechte Ehre zu erweisen glaubte, wenn ich Bibliophilie forttrieb; ich übersetzte in unsere Zeit, was der Herzog in seiner Zeit tat. Merkwürdigerweise betrachten die Bibliotheken unserer Tage dergleichen als Luxus.« Das »große illustrierte Buch des 20. Jahrhunderts« bezeichnete Kästner zumeist als »Livre de peintre« oder übersetzt als »Malerbuch«. Heute sprechen wir zumeist von »Künstlerbuch«, weil »Maler« und »Autor« oft genug ein und dieselbe Person sind; ganz davon abgesehen, dass wir bereits seit den siebziger Jahren des vergangenen Jahrhunderts eine zunehmende Hybridisierung der Gattung beobachten können. Kästner selbst ließ nie einen Zweifel daran, dass Malerbücher mehr sein müssen als »schön« oder »gut ausgestattet«. In einem Aufsatz aus dem Jahre 1968 wies er dem »Malerbuch des zwanzigsten Jahrhunderts« die Aufgabe zu, einen Blick auf Dichtungen zu eröffnen, »der vorher nicht da war«, wobei er wohl auch an die Bibliothek als Sammlung von Texten dachte. Gleichzeitig verstand er das »Malerbuch« als »Gegenwelt«, ja, als »surreale Gegenwelt« zum »verwissenschaftlichten« Bibliotheksbetrieb seiner Zeit. Kein Wunder, dass er den Erwerb von Forschungsliteratur eher vernachlässigte.

Erhart Kästner begann bereits in den frühen fünfziger Jahren, Künstlerbücher zu kaufen – und machte die Herzog August Bibliothek damit zur ersten öffentlichen Bibliothek in Deutschland, die sich dieser Gattung verschrieb. Da sein Anschaffungsetat alles andere als auskömmlich war, ließ er über Auktionshäuser Dubletten des Altbestands verkaufen, um mit den Erlösen die neuen »surrealen« Zuwächse zu finanzieren. Ein durchaus heikles Modell, wie er sehr genau wusste, weshalb »offiziell« von »Dublettentausch« die Rede war. Was auf diese Weise nach und nach erworben werden konnte, darf mit einigem Recht als wegweisend bezeichnet werden: darunter Künstlerbücher von Vertretern der sogenannten »Ersten École de Paris« wie Braque, Chagall, Dalí, Ernst, Léger, Matisse, Miró, Picasso und Wols. Allein auf der II. documenta in Kassel 1959 wurden 45 Künstlerbücher aus Wolfenbüttel gezeigt. Als Anfang der siebziger Jahre das »Malerbuchkabinett« in der umgebauten »Bibliotheca Augusta« seine Türen öffnete, erhielt die Sammlung einen repräsentativen Schauraum, der bis heute für Ausstellungen genutzt wird. Obwohl Kästner am Ende seiner Amtszeit davon ausging, dass die »heroische Zeit« der Gattung vorbei sei, sammelten seine Nachfolger weiter – und trugen mit je eigenen Akzentsetzungen dazu bei, dass die Sammlung trotz notorisch bescheidener Mittel für Ankäufe immer noch zu den weltweit bedeutendsten gehört. Eine prägende Entwicklung war dabei das zunehmende Interesse an Künstlerinnen und Künstlern aus den Vereinigten Staaten, was vor allem seit der Jahrtausendwende dazu beitrug, dass die Sammlung politischer und sozialkritischer wurde. Marshall Weber, der

2019 den Künstlerbuchpreis der Herzog August Bibliothek erhielt, steht dafür ebenso wie Elena Berriolo und Beldan Sezen. Alle drei arbeiten vorwiegend in New York. Die Herzog August Bibliothek besitzt heute rund 2500 Künstlerbücher.

Erhart Kästner hat immer wieder betont, wie »traurig« der Zustand der Bibliothek war, die er 1950 übernahm, und dabei über »provinziellen Muff« geklagt, wobei er nicht zuletzt die Trägerschaft im Blick hatte. Nachdem die »Herzogliche Bibliothek« nach Ende des Kaiserreichs »Landesbibliothek« geworden war, führten immer neue Klagen des Herzoghauses 1927 zu ihrer Umwandlung in eine »Stiftungsbibliothek« mit dem Namen »Herzog August Bibliothek«, die vom Herzoghaus und vom Freistaat Braunschweig gemeinsam getragen wurde. Allerdings: Eine auskömmliche Finanzierung war damit nicht verbunden. Zugespitzt formuliert: Die Bibliothek war als Stiftungsbibliothek bibliothekarisch mehr oder weniger handlungsunfähig. Obwohl die Herzog August Bibliothek nach Gründung des Landes Niedersachsen 1946 zumindest de facto wieder Landesbibliothek wurde, niedersächsische, nicht braunschweigische, blieb ihre Finanzierung weiterhin prekär. Als Kästner sein Amt antrat, gab es keinen Erwerbungsetat, der diesen Namen verdiente, und keinen Personaletat, der es erlaubte, mehr als eine Handvoll Mitarbeiter einzustellen. In den Magazinen gab es kein elektrisches Licht – und in der ganzen Bibliothek lediglich eine Schreibmaschine. Nebenbei bemerkt: Die Stiftung wurde de jure erst 1970 aufgelöst.

Wenn Kästner über »provinziellen Muff« klagte, meinte er allerdings noch etwas anderes: die im Laufe des 19. Jahrhunderts zunehmende Tendenz der Bibliothek zur Welt- und Lebensferne. Besucherinnen und Besucher, die das berühmte Bücherhaus besichtigen wollten, standen oft genug vor verschlossenen Türen. Ja, selbst Gelehrte fanden nicht immer Aufnahme. Wenn in den Besucherbüchern gelegentlich davon die Rede ist, dass Gras seinen Weg bis in den Eingangsbereich der Bibliothek gefunden habe, dann dürfen wir das wohl ernst nehmen, und sei es auch nur metaphorisch. Allerdings, auch das hielt Kästner immer wieder fest: In der Bibliothek selbst wurde unermüdlich gearbeitet, vor allem unermüdlich verzeichnet. So schroff abweisend ein Otto von Heinemann gewesen sein mag, der die Bibliothek zwischen 1868 und 1904 leitete: Sein vielbändiger Katalog der Wolfenbütteler Handschriften ist bis heute unverzichtbar. Man kann es auch so sagen: Ohne Nutzerinnen und Nutzer geht die Arbeit leichter und schneller von der Hand.

Die Tendenz der Bibliothek zur Welt- und Lebensferne bestimmte auch die erste Hälfte des 20. Jahrhunderts, obwohl es durchaus gegenläufige Initiativen gab. Heinrich Schneider zum Beispiel, der die Bibliothek seit 1923 kommissarisch leitete und unter anderem die »Preußischen Instruktionen« einführte – ein bis in die achtziger Jahre hinein gültiges Regelwerk zur Katalogisierung –, gelang es, den Bestand über Ausstellungen wieder deutlich sichtbarer zu machen. Hinzu kam, dass sich Schneider auch öffentlich für Lessing und dessen Werk einsetzte. Der Streit um die Trägerschaft des Bücherhauses in Wolfenbüttel ließ ihn allerdings bereits 1926 an die Lübecker Stadtbibliothek wechseln. 1933 entließen ihn die neuen Machthaber: Er war Mitglied der SPD. Schneider

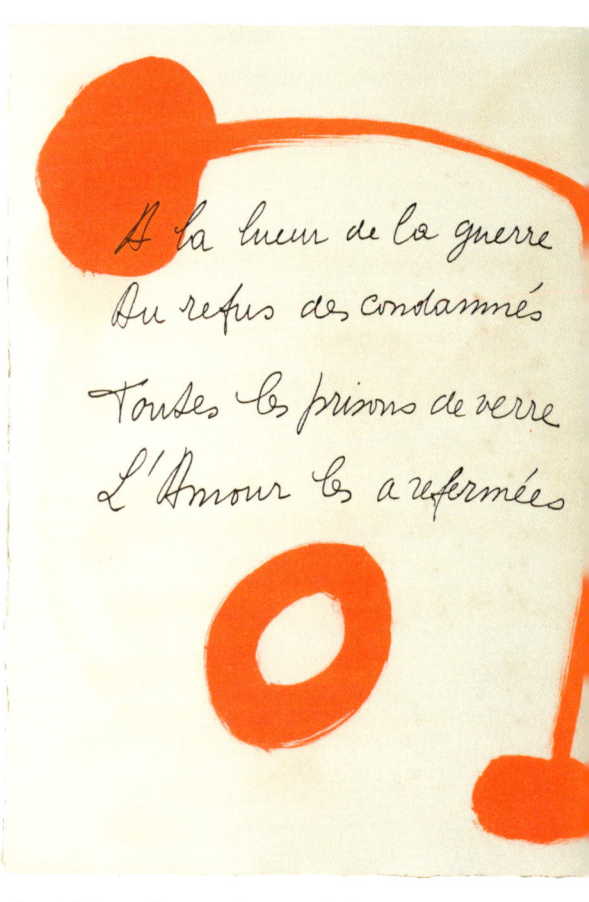

A la lueur de la guerre

Au refus des condamnés

Toutes les prisons de verre

L'Amour les a refermées

41 Eines der wichtigsten französischen Künstlerbücher des
20. Jahrhunderts ist aus der Zusammenarbeit (und Freundschaft)
von Pablo Picasso und dem Lyriker Pierre Reverdy hervorgegangen:
Le Chant des morts. *1944/1945 entstanden und 1948 bei Tériade in
Paris erschienen, sind den fragmentierten Versen die Erfahrungen
des Zweiten Weltkriegs eingeschrieben. Die 123 Lithografien lassen*

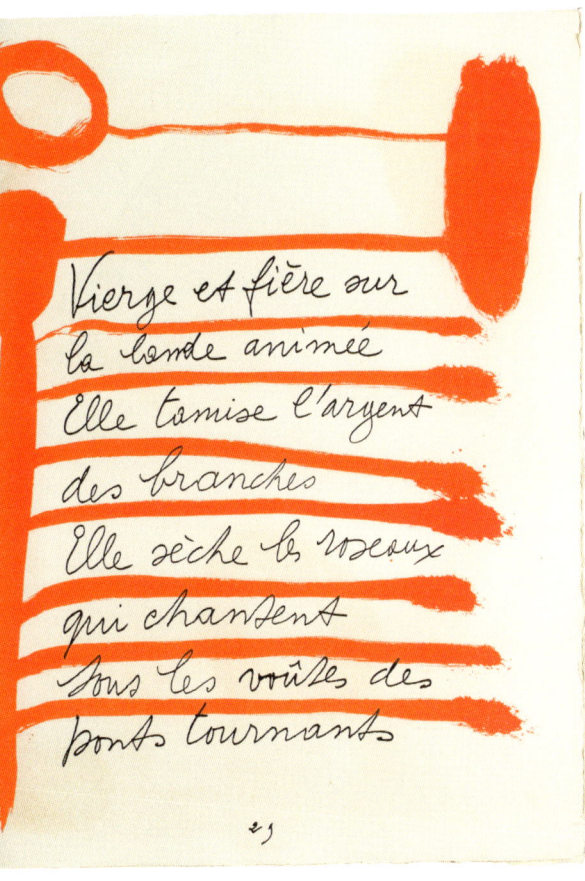

Reverdys handschriftlichen Text und Picassos Punkte und Linien in einen geradezu magischen Dialog treten, wie André Breton einmal bemerkt hat. Das leuchtende Rot der Pinselstriche erinnert an die Rubrizierungen mittelalterlicher Manuskripte. Erhart Kästner erwarb das Buch 1965. Die Herzog August Bibliothek besitzt heute fast 50 Künstlerbücher von Pablo Picasso.

42 Das Künstlerbuch Ŭnaŭlutŭ der Leipziger Künstler Frieder
Heinze (geb. 1950) und Olaf Wegewitz (geb. 1949) erschien 1986 in
einer ungewöhnlich hohen Auflage von 135 Exemplaren im Reclam
Verlag in Leipzig und in der Galerie Brusberg in Westberlin. Heinze
und Wegewitz gehörten 1984 zu den Initiatoren des (legendären)
»1. Leipziger Herbstsalons« – und schufen mit Ŭnaŭlutŭ (»Steinchen
im Sand«) ein Künstlerbuch, das nicht nur in der DDR Aufsehen
erregte. Als Hommage an nichteuropäische Kulturen konzipiert,
umfasst das Buch 68 Grafiken in unterschiedlichen Drucktechniken
und auf unterschiedlichen Papieren, die mit einer Vielzahl von
»Spielelementen« wie Schwirrholz und Schilfrohr versehen sind. Das
Buch fand noch im Jahr seines Erscheinens Eingang in die Künstlerbuchsammlung der Bibliothek.

43 Beldan Sezen (geb. 1967) bezeichnet sich selbst als »visual story-
teller«: »I meet people. They tell me their stories. Mostly elders who
no longer care if and how their stories will be judged. It seems more
important to talk about happenings that for too long were shushed
away, met with disbelieve or indifference or tabooed. Being White is
a social construct. How does this happen? What are the consequences
of living such a construct?« Immer wieder thematisiert Sezen, die
in Deutschland geboren wurde, Krieg und Rassismus, oft auf Zei-
tungsseiten bzw. Zeitungsfragmenten. Das Künstlerbuch Wetrocities,
das 2018 in Amsterdam und New York in 11 Exemplaren erschien,
umfasst 16 geheftete ungezählte Seiten. Es ist das erste Künstlerbuch
von Sezen, das die Herzog August Bibliothek erwarb. Inzwischen
ist ein zweites, älteres hinzugekommen: To keep that bit of physical
distance.

musste Deutschland verlassen und konnte schließlich nach »fünf Wanderjahren im politischen Exil« in den Vereinigten Staaten wieder als Bibliothekar arbeiten, wie er 1953 in einem Brief an den Lübecker Bürgermeister schrieb.

Keine Frage: Wir können Kästner zustimmen, dass er 1950 eine Bibliothek übernahm, um die es nicht zum Besten stand, allerdings sollten wir dabei nicht vergessen, dass sie den Krieg unbeschadet hinter sich gelassen hatte. Im abgelegenen Wolfenbüttel waren kaum Bomben gefallen – und auch die ausgelagerten Handschriften waren unversehrt geblieben. Hinzu kommt noch etwas anderes: Kästner begründete mit dieser Klage, die einen prominenten Platz in jenem bereits erwähnten »Vermächtnis« an seinen Nachfolger einnimmt, ein Fortschrittsnarrativ, das ihn an den Anfang stellt und seinen Nachfolger regelrecht auf das Konzept einer »Bibliotheca illustris« verpflichtet. Man kann das aus heutiger Perspektive durchaus weitsichtig (und klug) nennen, darf aber auch die Probleme nicht aus dem Blick verlieren, die damit verbunden waren und sind: So hat die Bibliotheksgeschichte des 19. und frühen 20. Jahrhunderts bis in die Gegenwart hinein deutlich weniger wissenschaftliche Aufmerksamkeit gefunden als jene der »heroischen« Vormoderne oder jene »nach Kästner«. Vor allem aber: Die Geschichte der Herzog August Bibliothek zwischen 1933 und 1945 ist ein Desiderat geblieben – und wird erst seit kurzer Zeit adäquat untersucht; ganz so wie auch die antiquarischen Erwerbungen der Bibliothek seit 1969 im Rahmen eines NS-Raubgut-Projekts, das vom »Deutschen Zentrum Kulturgutverluste« finanziert wird. Gewiss, wir dürfen schon jetzt davon ausgehen, dass die »stille« und »entlegene« Altbestandsbibliothek wenig dazu beigetragen hat, völkische Bildungsabsichten umzusetzen, und zugleich feststellen, dass ihr Direktor Wilhelm Herse, der sie von 1927 bis 1948 leitete, den Bestandserhalt über die Bestandssäuberung stellte – obwohl er Mitglied der NSDAP war. Dennoch: Es bleiben Fragen, es bleiben viele Fragen. So wissen wir noch immer wenig über die Verwendung des »Dublettenfonds«; oder über die Praxis der »Sekretierung« verbotener Literatur bzw. im Jargon der Machthaber »schädlichen und unerwünschten Schrifttums«; oder über die vielfältigen Anfragen parteiamtlicher und parteinaher Stellen zur »Ahnen- und Sippenforschung«; oder auch über die Rolle der Bibliothek in einer Kleinstadt, in der 1922 die erste NSDAP-Ortsgruppe des Landes Braunschweig gegründet wurde. Um die Frage nach der Rolle der Herzog August Bibliothek in der Stadt Wolfenbüttel nur an einem Beispiel zu konkretisieren: Im Juni 1943 quittierte die Bibliothek der »Dienststelle für die Einziehung von Vermögenswerten« des Finanzamtes Wolfenbüttel den Erhalt eines Buches aus dem Jahr 1777: *Lessing, Mendelsohn, Risbeck, Goeze, ein Totengespräch*. Besitzer war der ehemalige Stadtverordnete und Oberlehrer Gustav Eichengrün gewesen. Der 79-jährige Eichengrün war im März 1943 aus Wolfenbüttel ins Konzentrationslager Theresienstadt deportiert worden und dort im April desselben Jahres umgekommen. Seine drei Jahre jüngere Frau starb nur wenige Monate später, ebenfalls in Theresienstadt. Das Buch ist in der Herzog August Bibliothek nicht mehr vorhanden. Immerhin: Der Braunschweiger Historiker Markus Gröchtemeier konnte inzwischen nachweisen, dass die Torarollen und die Esterrolle, die nach der Zerstörung der Synagoge in der Lessingstraße als »Geschenk« der Gauleitung in die Bibliothek gelangten, 1948 von Wilhelm Herse an die jüdische Gemeinde in Wolfenbüttel zurückgegeben wurden.

Epilog. Ein Evangeliar und kein Ende

2022 feiert die Herzog August Bibliothek ihr 450. Jubiläum. Mit Sonderbriefmarke – und der Ausstellung einer Handschrift, die das wissenschaftliche, die vor allem aber auch das öffentliche Interesse an der Bibliothek in besonderer Weise geprägt hat und prägt: des Evangeliars Heinrichs des Löwen und Mathildes von England. Zwischen 1173 und 1189 im berühmten Skriptorium des Benediktinerklosters Helmarshausen entstanden, gehört der Prachtkodex, der für das Kollegiatstift St. Blasius in Braunschweig bestimmt war, zu den historisch wie kunsthistorisch bedeutendsten illuminierten Handschriften des hohen, ja, des ganzen Mittelalters. 1983 konnte das Evangeliar bei Sotheby's in London für die damalige Rekordsumme von mehr als 32 Millionen DM in einer konzertierten Aktion »für Deutschland« erworben werden. Eigentümer wurden die Bundesrepublik Deutschland, der Freistaat Bayern, das Land Niedersachsen und die Stiftung Preußischer Kulturbesitz. Die vier hatten neben vielen privaten Spenderinnen und Spendern den größten Teil der Kaufsumme aufgebracht. Nachdem es in der Bayerischen Staatsbibliothek in München restauriert und faksimiliert worden war, kam es schließlich polizeigeschützt nach Wolfenbüttel – nur wenige Kilometer von jenem Ort entfernt, für den es einst geschaffen wurde.

Wie auch immer man heute im Einzelnen zu den Ratschlägen stehen mag, die Erhart Kästner seinem Nachfolger Paul Raabe gab, der die Bibliothek bis 1992 leitete: Als das Evangeliar in Wolfenbüttel eintraf, haben darin viele die Vollendung von Konzept und Praxis der »Bibliotheca illustris« gesehen – und wir dürfen nachdrücklich vermuten, dass auch »der Nachfolger« selbst es tat. Ja, vielleicht kann man sogar noch einen Schritt weitergehen und behaupten, dass auch die Entwicklung der Bibliothek zu einer internationalen Forschungseinrichtung seit den frühen siebziger Jahren – eine Entwicklung von geradezu unheimlicher globaler Strahlkraft – ohne eine bewusste Kultur der »schönen Schaubarkeit« kaum möglich gewesen wäre: weder die Etablierung der Arbeitskreise seit 1973 noch die der Stipendienprogramme seit 1975; weder die der Sommerkurse seit 1976 noch die der Seminare für Schülerinnen und Schüler seit 1983. Ganz zu schweigen von der rasanten Erweiterung des Bibliotheksquartiers um das Zeughaus und andere Gebäude; ganz zu schweigen von der Gründung der »Gesellschaft der Freunde der Herzog August Bibliothek« 1971 und der »American Friends« 1996; ganz zu schweigen von den vielen Kooperationen, etwa im Rahmen der »Arbeitsgemeinschaft Sammlung Deutscher Drucke« seit 1989. Gewiss, die Zeiten waren günstig, auch kulturpolitisch, und die »Volkswagen-Stiftung« nicht weit entfernt. Gute Rahmenbedingungen und funktionales Know-how allein aber hätten die Erfolgsgeschichte der »Ära Raabe« nicht begründen können. Am Anfang war die Idee der »Bibliotheca illustris«.

Was aber, wenn aus Sammlungen Daten werden und aus Daten Services? Kann die »Bibliotheca illustris« ihren »Ort«

verlieren? Oder, anders gefragt: Kann sie ihre »Schaubarkeit« auch als »library beyond the book« bewahren? Oder, noch anders gefragt: Muss sie damit rechnen, früher oder später zu einem Buchmuseum zu werden? Der Literaturwissenschaftler Heinz Schlaffer hat die zunehmende literarische Fiktionalisierung der Bibliothek in einem Artikel in der *Frankfurter Allgemeinen Zeitung* einmal als Versuch beschrieben, den digitalen Modernisierungsprozess »romantisch« zu orchestrieren: »Indem sie den Glauben an die Magie des Buchs erneuert und den Mythos der Bibliothek erfindet, reagiert die Literatur auf das drohende Ende der Bibliothek und des Buchs mit einer kalkulierten Hysterie, die den Verkauf dieser Bücher fördert, den Bibliotheken aber keine neuen Leser zuführt.« Was auch immer man von dieser Diagnose bzw. Prognose halten mag, fest steht, dass die Herzog August Bibliothek in den vergangenen beiden Jahrzehnten zu einem Zentrum digitaler Forschung geworden ist. Ein Prozess, den der Sinologe Helwig Schmidt-Glintzer, seit 1993 Nachfolger Raabes, vorantrieb und den der heutige Direktor der Universitäts- und Landesbibliothek Darmstadt Thomas Stäcker nachhaltig umsetzte. Wer heute von digitaler Editorik spricht, spricht immer auch von Wolfenbüttel. Mehr noch: Seit 2013 bildet die Herzog August Bibliothek gemeinsam mit dem Deutschen Literaturarchiv Marbach und der Klassik Stiftung Weimar einen Verbund, der die historische Sammlungsforschung in mehreren Projekten weiterentwickeln soll, paradigmatisch und digital.

Ist damit die Idee der »Bibliotheca illustris« – jenseits ihrer Musealisierung – hinfällig geworden? Es spricht viel dafür, diese Frage zu verneinen – lässt doch auch die virtuelle Bibliothek wissensgeschichtliche Bedeutungszusammenhänge entstehen, die dazu beitragen können, Sammlungen »zu sich selbst« zu verpflichten, wie Erhart Kästner das genannt hat. Und doch ist eine gewisse Vorsicht geboten: Der (bibliophile) Wissenschaftshistoriker Michael Hagner hat einmal gesagt, dass man ein Buch anfassen müsse, um es zu lesen, ja, dass es sich im Grunde genommen erst »in der Hand« bilde. Das aber hat auch etwas mit »Schaubarkeit« zu tun, vielleicht sogar mit »schöner Schaubarkeit«.

44 Die Abbildung zeigt das wohl bekannteste Bild des Evangeliars Heinrichs des Löwen und Mathildes von England: die Krönung der beiden durch zwei himmlische Hände im Ensemble kaiserlicher, königlicher und herzoglicher Vorfahren (Bl. 171ᵛ).

Dank

Das vorliegende Buch geht auf eine Anregung von Ulf Kapahnke zurück, dem Präsidenten der Gesellschaft der Freunde der Herzog August Bibliothek – und langjährigen Sammler von Titeln der Insel-Bücherei.

Ohne die Hilfe meiner Kolleginnen und Kollegen in und in Sichtweite der Herzog August Bibliothek hätte das Manuskript nicht entstehen können. Zu nennen sind vor allem Ulrike Gleixner, Christian Heitzmann, Markus Gröchtemeier, Sarah Janke, Bertram Lesser, Lisa Neumann, Hole Rößler, Michaela Weber und Martin Wiegand.

Dass aus dem Manuskript ein Buch werden konnte – und dass es in der Insel-Bücherei seinen Platz fand, ist der freundlichen Geduld und zugewandten Kompetenz von Sabine Landes, Laura Mühe und Matthias Reiner zuzurechnen. Ihnen allen möchte ich ganz herzlich danken.

Peter Burschel, Wolfenbüttel, im November 2021

Quellen- und Literaturauswahl

Die Herzog August Bibliothek feiert 2022 ihren 450. Geburtstag. Da anlässlich dieses Jubiläums eine Sammlungsgeschichte der Bibliothek mit umfassender Bibliographie erscheinen soll, ist die folgende Auswahl auf einige wenige neuere und neueste Titel beschränkt. Hinzu kommen Quellen, aus denen zitiert wird. Weitere Titel erscheinen nur, wenn sie für einzelne Aussagen von besonderer Bedeutung sind. Nachschlagewerke werden nicht genannt, Standardliteratur nur in Ausnahmefällen.

Achtung modern! Architektur zwischen 1960 und 1980. 14 Erkundungen im Braunschweiger Land, herausgegeben von Ulrich Knufinke und Norbert H. Funke, Petersberg 2017.

Werner Arnold, »Zur Finanzierung von Bibliotheken in der Frühen Neuzeit«, in: *Das historische Erbe in der Region. Festschrift für Detlev Hellfaier*, herausgegeben von Axel Halle u. a., Bielefeld 2013, S. 23-31.

Peter Jörg Becker, »Bibliotheksreisen in Deutschland im 18. Jahrhundert«, in: *Archiv für Geschichte des Buchwesens* 21 (1980), S. 1362-1534.

Jill Bepler, »*Vicissitudo Temporum*: Some Sidelights on Book Collecting in the Thirty Years' War«, in: *Sixteenth Century Journal* 32/4 (2001), S. 953-968.

Bitte eintragen! Die Besucherbücher der Herzog August Bibliothek 1667-2000, herausgegeben von Hole Rößler und Marie von Lüneburg, Wolfenbüttel 2021.

Hermann Conring, *Die Bibliotheca Augusta zu Wolfenbüttel. Zugleich über Bibliotheken überhaupt*. Brief an Johann Christian von Boineburg. Aus dem Lateinischen übersetzt und herausgegeben von Peter Mortzfeld, Göttingen 2005.

Petra Feuerstein-Herz, »Weiße Seiten. Durchschossene Bücher in alten Bibliotheken«, in: *Zeitschrift für Ideengeschichte* 11 (2017), S. 101-114.

Frauen – Bücher – Höfe: Wissen und Sammeln vor 1800. Women – Books – Courts: Knowledge and Collecting before 1800. Essays in honor of Jill Bepler, herausgegeben von Volker Bauer u. a., Wolfenbüttel 2018.

Frühneuzeitliche Bibliotheken als Zentren des europäischen Kulturtransfers, herausgegeben von Claudia Brinker-von der Heyde u. a., Stuttgart 2014.

Ulrike Gleixner, »Die lesende Fürstin. Büchersammeln als lebenslange Bildungspraxis«, in: *Vormoderne Bildungsgänge. Selbst- und Fremdbeschreibungen in der Frühen Neuzeit*, herausgegeben von Juliane Jacobi u. a., Köln u. a. 2010, S. 207-224.

Ulrike Gleixner, »Weltensammlerin. Kultureller Transfer in fürstlichen Privatbibliotheken: Herzogin Antoinette Amalie von Braunschweig-Lüneburg (1696-1762)«, in: *Frauen – Bücher – Höfe: Wissen und Sammeln vor 1800. Women – Books – Courts: Knowledge and Collecting before 1800. Essays in honor of Jill Bepler*, herausgegeben von Volker Bauer u. a., Wolfenbüttel 2018, S. 79-91.

Markus Gröchtemeier, *Fahnenwechsel. Nationalsozialismus und britische Besatzung in der Stadt Wolfenbüttel 1933-1948*, Hameln 2018.

Michael Hagner, *Die Lust am Buch*, Berlin 2019.

Christian Heitzmann und Patrizia Carmassi, *Der* Liber Floridus *in Wolfenbüttel. Eine Prachthandschrift über Himmel und Erde*, Darmstadt 2014.

Felicitas Hundhausen, *Heinrich Schneider. Bibliothekar und Gelehrter*, Wolfenbüttel 1995.

Uwe Jochum, *Kleine Bibliotheksgeschichte*, Stuttgart ⁴2017.

Erhart Kästner, *An meinen Nachfolger. Erhart Kästners Vermächtnis als Direktor der Herzog August Bibliothek*, herausgegeben und mit

einer Einleitung versehen von Helwig Schmidt-Glintzer, Wolfenbüttel 2015.

Michael Kempe, »Die Welt als Buch oder Formel. Zur bibliothekarischen Wissensordnung bei Gottfried Wilhelm Leibniz«, in:
350 Jahre Gottfried Wilhelm Leibniz Bibliothek (1665-2015), herausgegeben von Georg Ruppelt, Hannover 2015, S. 45-55.

Michael Knoche, *Die Idee der Bibliothek und ihre Zukunft*, Göttingen
2018.

*Kunstwirklichkeiten. Erhart Kästner. Bibliothekar, Schriftsteller, Samm-
ler*, Wolfenbüttel 1994.

Gotthold Ephraim Lessing, *Werke 1770-1773*, herausgegeben von
Klaus Bohnen (Gotthold Ephraim Lessing, Werke und Briefe 7),
Frankfurt am Main 2000.

*Das Malerbuch des 20. Jahrhunderts. Die Künstlerbuchsammlung der
Herzog August Bibliothek Wolfenbüttel*, bearbeitet von Werner Arnold, Wolfenbüttel 2004.

Annett Martini, *Zwischen Offenbarung und Kontemplation. Die Wolfenbütteler hebräischen Schriftrollen*, Wolfenbüttel 2021.

Hugh Barr Nisbet, *Lessing. Eine Biographie*, München 2008.

Simon Paulus, *Wissensspeicher der Baukunst. Die Architektur- und In-
genieurszeichnungen in der Herzog August Bibliothek*, Wolfenbüttel
2021.

Paul Raabe, *Tradition und Innovation. Studien und Anmerkungen zur
Bibliotheksgeschichte*, Frankfurt am Main 2013.

Bernd Reifenberg, *Lessing und die Bibliothek*, Wolfenbüttel 1995.

Georg Ruppelt, *Von der Herzoglichen Bibliothek zur Herzog August Bibliothek. Geschichte der Wolfenbütteler Bibliothek von 1920 bis 1949*,
Göttingen 1980.

*Sammler, Fürst, Gelehrter. Herzog August zu Braunschweig und Lüne-
burg 1579-1666*, Wolfenbüttel 1979.

Heinz Schlaffer, »Der Traum von der verborgenen Handschrift. Bibliotheken, sachlich und fiktiv«, in: *Frankfurter Allgemeine Zeitung*
18 (22. Januar 2014), S. N3.

Ulrich Johannes Schneider, »Büchersammlungen als Herausforderung der Wissensgeschichte«, in: *Frühneuzeitliche Bibliotheken als Zentren des europäischen Kulturtransfers*, herausgegeben von Claudia Brinker-von der Heyde u. a., Stuttgart 2014, S. 263-271.

Bernd Schneidmüller und Harald Wolter-von dem Knesebeck, *Das Evangeliar Heinrichs des Löwen und Mathildes von England*, Darmstadt 2018.

Seewege und Küstenlinien. Maritime Welten in der Herzog August Bibliothek, herausgegeben von Peter Burschel, Wolfenbüttel 2021.

Staatsklugheit und Frömmigkeit. Herzog Julius zu Braunschweig-Lüneburg, ein norddeutscher Landesherr des 16. Jahrhunderts, Weinheim 1989.

Michael Wenzel (unter Mitarbeit von Bärbel Matthey), *Die Gemälde der Herzog August Bibliothek Wolfenbüttel*. Bestandskatalog, Wolfenbüttel 2012.

Michael Wenzel, *Philipp Hainhofer. Handeln mit Kunst und Politik*, Berlin und München 2020.

Helmut Zedelmaier, *Werkstätten des Wissens zwischen Renaissance und Aufklärung*, Tübingen 2005.

Abbildungsverzeichnis

Abb. 1 Gotthold Ephraim Lessing, Berengarius Turonensis: oder Ankündigung eines wichtigen Werkes desselben, wovon in der Herzoglichen Bibliothek zu Wolfenbüttel ein Manuscript befindlich, welches bisher völlig unerkannt geblieben, Braunschweig: Waisenhaus, 1770, Herzog August Bibliothek Wolfenbüttel, Lo 4521.

Abb. 2 »Libereyordnung« des Herzogs Julius zu Braunschweig und Lüneburg, Niedersächsisches Landesarchiv Abteilung Wolfenbüttel, 3 Alt Nr. 50, Fb. 1 Julius Nr. 27, Bl. 12^r-14^v.

Abb. 3 Le Troisiesme Livre D'Amadis De Gavle …, Paris: Groulleau, 1548, Herzog August Bibliothek Wolfenbüttel, Ll 9:3.

Abb. 4 L'Hystoire des deux nobles & vaillans chevaliers Valentin et Orson …, Lyon: Arnoullet, 1526, Herzog August Bibliothek Wolfenbüttel, Lm 4° 4.

Abb. 5 Jean d'Arras, L'Histoire de la belle Mélusine …, Genève: Adam Steinschaber, 1478, Herzog August Bibliothek Wolfenbüttel, Lm 2° 17.

Abb. 6 Breviarium Romanum …, Venezia: Andreas Torresanus, 1495, Herzog August Bibliothek Wolfenbüttel, S 53.12° Helmst.

Abb. 7 Evangeliar aus Lamspringe, entstanden vermutlich in Corvey, Ende des 10. Jahrhunderts, Herzog August Bibliothek Wolfenbüttel, Cod. Guelf. 426 Helmst.

Abb. 8 Psalter aus Wöltingerode, entstanden möglicherweise in Hildesheim, um 1220, Herzog August Bibliothek Wolfenbüttel, Cod. Guelf. 521 Helmst.

Abb. 9 Evangeliar von 1194, entstanden möglicherweise in Helmarshausen, 1194, Herzog August Bibliothek Wolfenbüttel, Cod. Guelf. 65 Helmst.

Abb. 10 Corpus doctrinae …, Heinrichstadt: Konrad Horn, 1577, Herzog August Bibliothek Wolfenbüttel, 64.8 Theol. 2°.

Abb. 11 Holztafel mit der Bibliotheksordnung Herzog Augusts des Jüngeren zu Braunschweig und Lüneburg, Herzog August Bibliothek Wolfenbüttel, B 158.

Abb. 12 Bibliotheca Augusta Ducalis, Kupferstich von Conrad Buno, um 1650, Herzog August Bibliothek Wolfenbüttel (Virtuelles Kupferstichkabinett), Top 1 a: 3r.

Abb. 13 Bibliotheca in Wolfenbüttel, Kupferstich von Caspar Merian nach Conrad Buno, 1654, Herzog August Bibliothek Wolfenbüttel (Virtuelles Kupferstichkabinett), Top 1 a: 5.

Abb. 14 Fürstliche Bibliothec in Wolfenbüttel wie solche von Aussen anzusehen, Kupferstich von Caspar Merian nach Conrad Buno, 1654, Herzog August Bibliothek Wolfenbüttel (Virtuelles Kupferstichkabinett), Top 1 a: 1.

Abb. 15 Das Fürstl. Schloss in der Vestung Wolfenbüttel, Kupferstich von Caspar Merian nach Conrad Buno, 1654, in: Topographia vnd Eigentliche Beschreibung Der Vornembsten Stäte, Schlösser auch anderer Plätze vnd Örter in denen Herzogthümern Braunschweig vnd Lüneburg …, Frankfurt am Main: Caspar Merian, 1654, Herzog August Bibliothek Wolfenbüttel, 6.11.1 Geogr. 2°.

Abb. 16 Graduale aus Minden, entstanden vermutlich in St. Gallen, zwischen 1027 und 1032, Herzog August Bibliothek Wolfenbüttel, Cod. Guelf. 1008 Helmst.

Abb. 17, 18, 19 Philipp Hainhofer, Großes Stammbuch, Herzog August Bibliothek Wolfenbüttel, Cod. Guelf. 355 Noviss. 8°.

Abb. 20 Martin Luther, Sepher Thehillim Hoc est Liber Laudum sive Hymnorum qui Psalterium David dicitur … (Psalterium), Wittenberg: Johann Grunenberg, 1513, Herzog August Bibliothek Wolfenbüttel, Cod. Guelf. 71.4 Theol. 4°.

Abb. 21 Eike von Repgow, Sachsenspiegel, entstanden vermutlich in Obersachsen, zwischen 1348 und 1371, Herzog August Bibliothek Wolfenbüttel, Cod. Guelf. 3.1 Aug. 2°.

Abb. 22 Perikopenbuch (Evangelistar), Reichenau, Anfang des 11. Jahrhunderts, Herzog August Bibliothek Wolfenbüttel, Cod. Guelf. 84.5 Aug. 2°.

Abb. 23 Psalter der Königin Beatrix von Ungarn, illuminiert in Florenz, zwischen 1476 und 1490, Herzog August Bibliothek Wolfenbüttel, Cod. Guelf. 39 Aug. 4°.

Abb. 24 Jorge oder Pedro Reinel, Süd- und Ostafrika mit dem Indischen Ozean (Portulankarte), entstanden vermutlich in Lissabon, um 1509, Herzog August Bibliothek Wolfenbüttel, Cod. Guelf. 98 Aug. 2°.

Abb. 25 Al-Hasan bin Muhammad bin Ahmad al-Wazzan al-Fasi (Leo Africanus), Historiale Description De L'Afrique …, Lyon: Johannes Temporarius, 1556, Herzog August Bibliothek Wolfenbüttel, 6.11 Geogr. 2°.

Abb. 26 Prospect des Schloss-Platzes zu Wolfenbüttel, Kupferstich von Johann Georg Beck nach J. A. Arstenius, 1711, Herzog August Bibliothek Wolfenbüttel (Virtuelles Kupferstichkabinett), Top 1 a: 11.3.

Abb. 27 Andreas Christian Ludwig Tacke, Das Innere der alten Bibliothek in Wolfenbüttel, Öl auf Leinwand, 1888, Herzog August Bibliothek Wolfenbüttel, B 163.

Abb. 28 Herzog August der Jüngere zu Braunschweig und Lüneburg, Katalog, 1611-1625, Herzog August Bibliothek Wolfenbüttel, BA I, 320.

Abb. 29 Großes Bücherrad, vermutlich 1. Hälfte des 17. Jahrhunderts, Herzog August Bibliothek Wolfenbüttel, M 101.

Abb. 30 Herzog August der Jüngere zu Braunschweig und Lüneburg, Katalog (»Bücherradkatalog«), 6 Bde., 1625-nach 1719, Herzog August Bibliothek Wolfenbüttel, BA I, 322-327.

Abb. 31 Herzog August der Jüngere zu Braunschweig und Lüneburg, Katalog (»Leibniz-Katalog«), 8 Bde., 1691-1699, Herzog August Bibliothek Wolfenbüttel, BA I, 349-356.

Abb. 32 Besucherbuch, Bd. 3: 11. Januar 1726-30. Juli 1769, Herzog August Bibliothek Wolfenbüttel, BA I, 152.

Abb. 33 Isidor von Sevilla, Etymologiae mit Ulfilas-Fragmenten, Norditalien, 1. Hälfte des 8. Jahrhunderts, Ulfilas-Fragmente Ende des 5. Jahrhunderts, Herzog August Bibliothek Wolfenbüttel, Cod. Guelf. 64 Weiss.

Abb. 34 Lambert von Saint-Omer, Liber Floridus, Nordfrankreich, Schule von Saint-Omer, Mitte bis 2. Hälfte des 12. Jahrhunderts, Herzog August Bibliothek Wolfenbüttel, Cod. Guelf. 1 Gud. lat.

Abb. 35 Das Newe Testament Deutzsch … (Septembertestament) (übersetzt von Martin Luther, mit Holzschnitten von Lucas Cranach dem Älteren), Wittenberg: Melchior Lotter, 1522, Herzog August Bibliothek Wolfenbüttel, Bibel-S. 4° 257.

Abb. 36 Neues Testament in Tamil (übersetzt von Bartholomäus Ziegenbalg und Johann Ernst Gründler), Tranquebar: Johann Gottlieb Adler (Missionsdruckerei), 1714, Herzog August Bibliothek Wolfenbüttel, Bibel-S. 1068.

Abb. 37 Zwei Koranhandschriften, Herzog August Bibliothek Wolfenbüttel, Cod. Guelf. 239.6 und 239.7 Extrav.

Abb. 38 Bibliotheca Augusta, Gesamtansicht, Fotografie, um 1910, Herzog August Bibliothek Wolfenbüttel, Top-2a-90-00001.

Abb. 39 Hauptsaal der Bibliotheca Augusta, Fotografie, um 1910, Herzog August Bibliothek Wolfenbüttel, Top-2a-90-00004.

Abb. 40 Hauptsaal nach dem Umbau (»Augusteerhalle«), Fotografie: Heinrich Heidersberger, Juni 1966, Herzog August Bibliothek Wolfenbüttel, Top-2a-94-00003.

Abb. 41 Pablo Picasso und Pierre Reverdy, Le Chant des morts, Paris: Tériade, 1948, Herzog August Bibliothek Wolfenbüttel, Malerbücher 15.FM 19.

Abb. 42 Frieder Heinze und Olaf Wegewitz, Ŭnaŭlutŭ, Leipzig und Berlin: Reclam und Galerie Brusberg 1986, Herzog August Bibliothek Wolfenbüttel, Malerbücher 36.FM 26.

Abb. 43 Beldan Sezen, Wetrocities, Amsterdam und New York 2018, Herzog August Bibliothek Wolfenbüttel, Malerbücher 69.FM 6.

Inhalt

2. Auflage 2022. © Insel Verlag Anton Kippenberg GmbH & Co. KG, Berlin, 2022. Alle Rechte vorbehalten. Wir behalten uns auch eine Nutzung des Werks für Text und Data Mining im Sinne von § 44 b UrhG vor. Bezugspapier: Andreas Christian Ludwig Tacke, Das Innere der alten Bibliothek in Wolfenbüttel, Ölgemälde, 1887/1888, Foto: Herzog August Bibliothek Wolfenbüttel (Inv.-Nr. B 163). Gesetzt in der Schrift Adobe Garamond Pro. Gedruckt auf holzfreies, alterungsbeständiges mattgestrichenes Papier der Firma Firma Inapa, Hamburg, von der Memminger MedienCentrum AG, Memmingen. Gebunden in Fadenheftung von der Josef Spinner Großbuchbinderei GmbH, Ottersweier. Dieses Buch wurde klimaneutral produziert: climatepartner.com/ 14438-2110-1001. Erste Auflage 2022. Printed in Germany. ISBN 978-3-458-19496-5. www.insel-verlag.de